ΣBEST シグマベスト

専門学校受験

看護医療系の小論文

これで合格

村本正紀 編著

文英堂

はじめに

小論文の入試対策で多くの受験生がとまどう点は、大きく二つあります。一つは「正解が一つに決まらない」点、そしてもう一つが「どのように勉強を進めていけばよいかわからない」点です。後者は、逆に言えば、「合格圏内の小論文を書くためにはこのように勉強を進めていけばよい、という道筋がわかっていたら、迷うことなく勉強を進めることができ、実力も確実につく」ということになります。

入試小論文では、言葉のテクニックよりも、考えのまとめ方のほうが重視されます。したがって、「小論文の基本形」にそって「**自分の考えをわかりやすくまとめる方法**」をマスターするのが、最も効果的です。本書で「小論文の基本形」を学び、「**自分の考えをわかりやすくまとめる力**」を養って、合格圏内の小論文が書けるようになりましょう。本書では、小論文の書き方をアドバイスするだけでなく、文章表現のルールについても基礎から丁寧に解説してありますから、文章を書くことが得意でない人も安心です。

看護医療系は、多くの人と直接関わる仕事です。そこでは「言葉によるコミュニケーション」が必要です。看護医療系の仕事をする人にとって、「**自分の考えをわかりやすくまとめる力**」を持つことは、医療の専門知識を持つことと同様に、とても大切です。入試で小論文が重視されるのも、「**自分の考えをわかりやすくまとめる力**」が備わっているかを見たいからなのです。

本書を通じて、キミが着実に力をつけ、合格の栄冠を勝ち取ってくれることを、心から願っています。

この本の特色と活用法

にがてな人も、だいじょうぶ。基礎の基礎から合格までナビゲート。

構成 四つのStage

Stage1 文章表現の必修ルール

小論文の勉強に取り組む前段階として、文章の書き方や原稿用紙の使い方といった必修のルールをとり上げます。

Stage2 小論文・基礎編

小論文の基本形を伝授します。この基本形は、看護医療系の入試小論文で合格点を取るための、強力なツールになります。

Stage3 小論文・実践編

例題演習を通じて、基本形が無理なく身につくようにし、さらに、出題タイプ別の実践方法をレクチャーします。

Stage4 合格小論文のための必修キーワード

小論文を書くのに役立つ、看護医療系の基礎的な専門知識を、コンパクトに整理します。

おもな構成要素

各*Stage*は、*item*という単位に分かれています。それぞれの*item*は、先生からの導入の言葉で始まります。そのあと、そこで学ぶ重要事項（**ルール・ポイント**）のまとめが続きます。勉強を始める前に、重要事項のまとめに目を通して、これから学ぶことをおおまかにつかんでおきましょう。

導入とまとめ

ルール・ポイントの解説

文章表現のルールや、小論文の書き方のポイントを、一つ一つ、例を挙げながら、くわしく丁寧に説明しています。

チェック

直前の解説についての確認問題です。解説内容をきちんと理解できたかどうか、チェックしましょう。

ワンポイント

知っているとプラスになることがらを、アドバイスしています。

ワークタイム

看護医療系の入試小論文では、たった一つのシンプルな型（基本形）をおさえておけば、ほとんどの問題に対応可能です。

ワークタイムは、別冊「**小論文練習帖**」で実際に書く練習をしながら基本形を身につけていく、例題演習のコーナーです。必ず自分で書いてみましょう。それが、合格への着実な道です。

処方せん

問題を解くための考え方や着眼点を、アドバイスしています。

ここにチューイ!!

問題を解くときにミスしやすい点や、有利な解き方など、気をつけてほしいことをまとめています。

レクチャー

出題タイプ別の実践方法を、段階を追って解説していきます。

Contents

Stage4

合格小論文のための必修キーワード

Memo

文章表現の必修ルール

これで合格

Stage1

item 1

文章の書き方

場面にはふさわしい服装があるように、文章にも**ふさわしい書き方**というものがある。それは、文章を読む相手との間で約束したルールのようなものなのである。だから、ルールを勝手に破って、**自分の好みで自由に書くわけにはいかない。**

小論文の勉強の第一歩として、まずは、文章の書き方というルールをしっかりおさえることから始めよう。

ルール 文章の書き方

❶ 書くのにふさわしい言葉を使う。
❷「だ・である」体と「です・ます」体をまぜない。
❸ ひらがな・カタカナ・漢字を正しく使い分ける。
❹ 正しい漢字、正しいかなづかいで書く。
❺ 一つの文はできるだけ短くする。
❻ 言葉を正しく対応させる。
❼ 内容が誤解されそうな書き方をしない。

❶適切な言葉で、
❷文体をそろえて、
❸❹正しい文字づかいで、
❺文を短く区切って、
❻❼意味がきちんと通じるように、
気をつけて書こう。

ルール❶ 書くのにふさわしい言葉を使う。

マジかよ？ムカツク～!!
こらこら。ふだんから言葉づかいに気をつけて。

文章を書くときには、**書くのにふさわしい言葉**がある。これは、**ふだん話すときに使う言葉とは微妙に違う**。意識して取りかからないと、ついふだんどおりの言葉を使ってしまい、結果として、ふさわしくない言葉で文章を書いてしまう。入試では大きなマイナスだ。

書くのにふさわしくない言葉のおもなものを、次に示しておく。

❶ **話し言葉**……「でも」「だって」「けど」など。

❷ **略語や流行語**……「朝練」「部活」「バイト」など。ただし、「AO入試」「PKO」「リハビリ」といった、ニュースや新聞記事などで一般的に使われている語は、使ってよい。

❸ **地元の言葉や方言**……ただし、会話を直接引用する場合は、使ってよい。

たとえば、次の例は、書くのにふさわしくない言葉が多すぎる悪文である。

NG **悪い例** ✕ 弟が本を破った❶**けど**、あやまらない。❷**なので**、❸**まじで**❹**むかついた**。

❶ **けど**……「けど」や「けれど」は話し言葉。書き言葉では「けれども」「が」を使う。

❷ **なので**……話し言葉では文頭に使うことがあるが、書き言葉としては誤り。「だから」に直す。

❸ **まじで**……「まじ」は「まじめ」の略語で、俗語でもある。書き言葉では「本気で」などを使う。

❹ **むかつく**……話し言葉。書き言葉では「腹が立つ」「怒る」などを使う。

OK **修正例** ○ 弟が本を破った❶**が**、あやまらない。❷**だから**、❸**本気で**❹**腹が立った**。

✓ 1のチェック

解答▼ p.140

■ 次の文に含まれる「書くのにふさわしくない言葉」を「書くのにふさわしい言葉」に改め、全文を書き直そう。

ⓐ お金がなくても、どうってことはない。（一か所訂正）

ⓑ コーヒーには、砂糖は入れずにミルクとか入れて飲むのが好きです。（一か所訂正）

ⓒ 今日、バイトは休みなんで、買い物に行こう。（二か所訂正）

ⓓ 電車がいつも以上に混んでたので、めっちゃ疲れた。（二か所訂正）

ルール2

「だ・である」体と「です・ます」体をまぜない。

一つの文章の中では、文末を**「だ・である」体（常体）**か**「です・ます」体（敬体）**のどちらかで統一しなければならない。どちらで書いてもよいのだが、**小論文では「だ・である」体で統一する**ことを強くおすすめする。それは、文章が引き締まって**キリッとした感じを与える**効果や、**主張に力強さが備わる**効果があるからである。

ワンポイント

「だ・である」体には、右にあげた効果の他にも、「です」や「ます」を接続させるときに起こりがちな文法的なミスを防げるという利点もある。

✓②のチェック

解答▼p.140

■次の文章を「だ・である」体に統一させて、全文を書き直そう。

虹は、赤から紫までの光が円弧状に並んで帯のような形で現れる大気現象です。太陽の光が空気中の水滴によって屈折するとき、水滴がプリズムの役割を果たし、光が分解されて複数色の帯のように見えるものが虹なのです。大空をまたぐ雄大なスケールのものもありますが、水しぶきをあげる滝や、太陽を背にしてホースで水をまくときなどにも見られます。虹の色を何色と数えるかは、地域・民族・時代によってさまざまである。現在の日本では、ふつう七色ですが、これはニュートンの虹の研究にもとづくものだ。現在のアメリカでは一般に六色とされている。また、中国では古くは五色とされていたようです。

ワガハイは鳥である。名前はまだ無いのです……っと。
ううう

ルール❸ ひらがな・カタカナ・漢字を正しく使い分ける。

ひらがな・カタカナ・漢字は、自分勝手に使い分けている人がけっこう目につく。だが、**書き慣れているからといって、それが適切だとは限らない。**

ひらがな・カタカナ・漢字の使い分けの原則を、次に示しておく。

❶ **ひらがな**……**助詞・助動詞・接続詞・連体詞・感動詞。**ほとんどの**副詞。用言の活用語尾。形式名詞**（「こと」「もの」「ため」など）。

❷ **カタカナ**……**外来語。動植物名・擬声語**（「ワンワン」「ガシャーン」など）もカタカナで書いてよい。

❸ **漢字**……高校までに学習ずみの**常用漢字。縦書きの場合の数字**は漢数字で書く。

たとえば、次のように、ひらがなで書くべきところを漢字で書くのは望ましくない。

NG 不適切な表記の例❶ ✕ 丁度よい ⬇ OK 適切な表記❶ ◯ ちょうどよい

「ちょうど」などの副詞は、ひらがなで書くほうがよい。

NG 不適切な表記の例❷ ✕ ～する事は～ ❸ ✕ ～の為に～ ⬇ OK 適切な表記❷ ◯ ～することは～ ❸ ◯ ～のために～

「こと」「ため」などの形式名詞は、ひらがなで書くのがルールである。

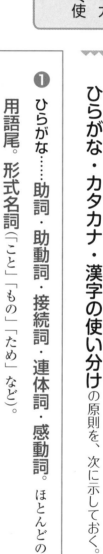

3のチェック

解答▼*p.140*

■次の文の傍線部を書き表すのに適切な表記を、あとの（　）内から選ぼう。

ⓐ　この本は、読めば読むホド味わい深い。（程・ほど）

ⓑ　好きな音楽が聞こえると、誰でもうれしくなるモノだ。（者・物・もの）

ⓒ　将来のタメに、がんばって勉強しよう。（為・ため）

ルール④
正しい漢字、正しいかなづかいで書く。

正しい漢字で書くというのは、誤字を書かないということだけではない。**略字を書かない**ということも含まれる。最も典型的なのは**「門」**の**略字**である。「門」を略して「门」と書いてはいけない。

NG　略字の例　✕　问・闻・间
↓
OK　正しい漢字　○　問・聞・間

この他にも「開」「閉」「閣」「闇」「闘」「簡」など多くある。

また、**別の漢字**で書いてしまうことにも注意が必要だ。

NG　別字の例　✕　五才・年令
↓
OK　正しい漢字　○　五歳・年齢

これらの別字は、ふだん使われているのを目にするかもしれないが、入試では使わないほうがよい。

かなづかいについては、特に次の点をおさえておけばよい。

❶ **拗音《ようおん》「ゃ」「ゅ」「ょ」と促音《そくおん》「っ」**……他の文字より**小さく**書く。**縦書きでは右上**に寄せて書き、**横書きでは左下**に寄せて書く。

❷ **長音……ア・イ・ウ・エ列の音を長くのばす場合**は、それぞれ**「あ」「い」「う」「え」**を添えて書く。**オ列の音を長くのばす場合**は、原則として**「う」**を添えて書く。

例　おばあさん　おじいさん　ふうふ（夫婦）　ええ（応答の語）　おとうさん

ただし、次の語は、**例外**的に**オ列の長音**を**「お」**と書く。

例外　おおきい（大きい）　おおやけ（公）　おおよそ　こおり（氷）　とお（十）　とおい（遠い）
とおる（通る）　とどこおる（滞る）　ほお（頬）　ほのお（炎）　もよおす（催す）

❸ **「じ・ぢ」「ず・づ」**……原則として**「じ」「ず」**と書く。ただし、**例外**的に、**もとは二語だったものが組み合わさって濁音に変わった語**や、**特別な語**は、**「ぢ」「づ」**と書く。

例外　《濁音化》　はなぢ（鼻血）＝はな＋ち　かたづく（片付く）＝かた＋つく
《特別な語》　ちぢむ（縮む）　つづく（続く）

❹ **「言う」**……**「いう」**と書く。

4のチェック

解答▼p.141

(1) 次の語をひらがなで書こう。

ⓐ 少女　ⓑ 必死

ⓒ 姉さん　ⓓ 応対

ⓔ 大きい　ⓕ 人通り

ⓖ 凍る　ⓗ 服地

ⓘ 身近　ⓙ 一日中

ⓚ 図面　ⓛ 小包

(2) 次の文に含まれる間違ったかなづかいを、正しいかなづかいに書き直そう。

ⓐ 友人がとうくの町に引つ越すとゆうので、ちかじか送別会をするつもりだ。（四か所訂正）

ⓑ 日記につずられた文字は、大人でさへわかりずらい乱筆で、どおしても読めなかった。（四か所訂正）

ルール5 一つの文はできるだけ短くする。

原則として、**一文は短いほうがよい**。長すぎると、**係り受けの間違い**が起こりやすいだけでなく、非常に**読みづらい文**になって読み手に負担をかける。つまり、**一文が長ければ、採点者にイヤな感じを持たれてしまう**のである。言いたいことはいくつかの文に分けて書けばよいのであって、**無理に一文で書こうとしてはいけない**。

NG

一文が長すぎる例❶

✕ 大型の台風が来**て**、海が非常に荒れてい**て**、船長は安全が確保できないと判断し**て**、乗船予定者は多かった**が**、船は欠航した。

この文は、「主語・述語」の組み合わせからなるパーツを「て」「が」を使ってズラズラとつなげてあり、とても読みにくい。「て」「が」を使わずに、文を短く区切ってみよう。

大型の台風が来た。海が非常に荒れていた。船長は安全が確保できないと判断した。乗船予定者は多かった。船は欠航した。

最初の文より読みやすくなったが、五つの文がバラバラに並んでいるだけという印象を受ける。そこで内容上のつながりに注目しよう。

大型の台風が来た。⬇ **だから** ⬇ 海が非常に荒れていた。
乗船予定者は多かった。⬇ **しかし** ⬇ 船は欠航した。

この二組の文をつなげて全体を書き直してみよう。

OK

一文が短い例❶

○ 大型の台風が来た**ので**、海が非常に荒れていた。船長は安全が確保できないと判断した。乗船予定者は多かった**が**、船は欠航した。

もう一つ例を挙げよう。

NG

一文が長すぎる例❷

× 私は、花壇に、子どもの頃から花の中で一番好きなチューリップをたくさん植えた。

この文は、「チューリップ」についての説明部分（波線部）が長いために、文の主語「私は」と述語「植えた」が離れすぎてしまっている。また、「植えた」に係る「花壇に」もかなり離れたところにある。これら二つが原因で、とても読みづらい。そこで、「チューリップ」の説明部分を別の文に移し、「私は」と「植えた」、「花壇に」と「植えた」をできるだけ近づけてみよう。

OK

一文が短い例❷

○ 私は、花壇に、チューリップをたくさん植えた。チューリップは、子どもの頃から花の中で一番好きな花である。

一つめの文は「私は、チューリップをたくさん花壇に植えた。」とすることもできる。

✓5のチェック

解答▼p.141

(1) 次の文を、内容が変わらないように注意して、三つの文に分けて書き直そう。必要最小限の言葉を補ってもよい。

明日のスポーツ大会は、雨が降りそうなので延期になるかもしれないから、明日の朝に電話で連絡をするので、朝早めにスポーツ大会と授業の両方の用意をして待機していてほしいということを、家の人にも伝えておいてください。

(2) 次の文を、内容がより明らかになるように、箇条書きの形に書き直そう。

この事件の犯人は、三十代の男性で、血液型はA型、左利きで、大型バイクの運転ができ、そして非常に慎重で計画的に行動する性格であると考えられる。

この事件の犯人には、次の五つの特徴があると考えられる。

一、

二、

三、

四、

五、

ルール❻ 言葉を正しく対応させる。

言葉の対応関係が正しくなければ、文が不自然になってしまう。**不自然な文に対して気持ち悪さを感じる**くらい、言葉のセンスを身につけたいものだ。

NG 言葉の対応が悪い例

❶ × **たとえ**雨が降らなかっ**たら**、本日の試合は中止します。

❷ × 敷地内**で** **喫煙**は禁止されている。

❶は、「たとえ」に対応する言葉が誤っている。「たとえ」は「～ても」と対応させて「たとえ～ても」の形で使わなければならない。❷は、「敷地内で」と「喫煙は」のつながり方がおかしい。「～で」は動詞に係るのに、ここでは名詞「喫煙」に係っている。

OK 言葉の対応が正しい例

❶ ○ **たとえ**雨が降らなく**ても**、本日の試合は中止します。

❷ ○ 敷地内**で** **喫煙する**ことは禁止されている。

❷は、名詞「喫煙」を動詞「喫煙する」に改めた。他に、名詞「喫煙」はそのままで、「～で」を名詞に係る「～での」に改めて、「敷地内**での** **喫煙**は禁止されている。」とすることもできる。

ワンポイント

言葉の対応関係では、特に**「たとえ～ても」「もし～たら」「決して～ない」「少しも～ない」「あまり～ない」「…しか～ない」「ぜひ～たい」「たぶん～だろう」**などの**係り受けの関係に注意したい。**

6のチェック

解答▼p.141

(1) 次の文の傍線部を、正しい表現に書き直そう。

ⓐ 列車が事故を起こし、乗客はたった二人しか助かった。

ⓑ 夕焼けがきれいだけれども、たぶん明日は晴れるだろう。

(2) 次の文を、あとの（ ）内の指示に従って改め、全文を書き直そう。

ⓐ 休日には、妹は本を、私は音楽を聴いています。（不足している言葉を補おう）

ⓑ 夏休みには、昼寝をしたり泳ぎに行って、何も勉強しなかった。（表現のバランスを取ろう）

ルール7 内容が誤解されそうな書き方をしない。

書き手の言おうとすることが**読み手に正しく伝わらない書き方は、絶対にしてはいけない**。しかし、**曖昧な書き方**というのは、案外多いのだ。一つ例を挙げよう。

NG 曖昧な例 ✕ 私は鈴木さんと佐藤さんの家を訪問した。

この文の書き手は、

「私」と「鈴木さん」の二人で、「佐藤さんの家」を訪問した。

と言いたかった。しかし、読み手は、

「私」一人が、「鈴木さんの家」と「佐藤さんの家」の二軒を訪問した。

と誤解しそうである。訪問者や訪問先が正しく伝わるように書き直してみよう。

OK 曖昧でない例 ○ 私は鈴木さんと一緒に、佐藤さんの家を訪問した。

曖昧な文に読点「、」を打って「私は鈴木さんと、佐藤さんの家を訪問した」とするだけでも、誤解の生じる可能性は低くなる。しかし、読点を打つだけですまさずに「鈴木さんと一緒に」や「鈴木さんと二人で」などと言葉を加えるほうが、絶対に誤解が生じず、はるかによい文になる。

✓7のチェック

解答▼p.141

■次の文を、あとの（　）内に示す意味以外には解釈できない文に書き直そう。必要最小限の言葉を補ってもよい。

ⓐ 先月亡くなった父のいとこが帰国した。（「先月」の出来事は「帰国」）

ⓑ A君はドイツで病床にいるB子さんに手紙を書いた。（「ドイツ」にいるのは「A君」）

ⓒ 10と30の半分でいくつになりますか。（答えは25）

item 2

原稿用紙の使い方

入試小論文で原稿用紙に書かせるのは、「原稿用紙の決まりに従って書けているか」「マス目に文字をそろえて書けているか」「指示どおりの字数で書けているか」を見たいという意図が出題者にあるからだ。

原稿用紙に向かうと緊張するという人は多いが、原稿用紙の使い方の**基本さえきちんとおさえていれば、何も不安がることはない**。出題者の意図も難なくクリアできる。

入試小論文では縦書き原稿用紙に書かせることが多いので、ここでは**縦書き原稿用紙**を例に解説していこう。ただし、原稿用紙の使い方のルールそのものは、基本的には縦書き・横書き両方に共通する内容である。

ルール 原稿用紙の使い方

❶ 題名は不要。受験番号・名前は指定されている場所に書く。

❷ 改行のために生じた空白のマス目は、字数として数える。

❸ 文字は、マス目の中いっぱいに大きく、濃く、丁寧に書く。

❶と❷は、入試独特のルールだよ。

❹ 文章の始まりや、段落の始まりは、一マス空ける。

❺ 句読点は、マス目の中の右上に、小さく書く。

❻ カッコ類は、一マスを使って書く。

❼ 句読点、閉じカッコ、「々」は、行頭に書かない。

❽ アルファベットは、一字に一マスを使って書く。

❾ 「?」「!」や「……」「——」は、使わない。

ルール❶
題名は不要。受験番号・名前は指定されている場所に書く。

入試独特のルールだよ。
これも入試独特のルールだ。

ルール❷
改行のために生じた空白のマス目は、字数として数える。

縦書き原稿用紙の場合、「まず題名を、一行目の上のほうに、二マスほど空けてから書く。次に名前を、二行目の下のほうに書く」というのが一般的なルールとされている。

しかし、入試小論文では、**題名**は不要であることがほとんどである。「題名をつけなさい」という指示がある場合は題名を書かなければならないが、その場合はたいてい、本文を書くマス目とは別に、題名を書く欄が設けてある。また、**名前**と**受験番号**も指定された欄に書く。

したがって、入試小論文では、**いきなり一行目から、最初の一マスを空けて、本文を書き始める。**

❶のチェック

解答▼ p.142

■ **入試小論文での原稿用紙の使い方として、次の中から最も適当なものを一つ選ぼう。**

ア　原稿用紙の一行目に題名、二行目に受験番号、三行目に名前を書く。
イ　受験番号と名前は、指定された欄に書いたうえで、あらためて原稿用紙のマス目にも書く。
ウ　受験番号と名前は、指定された欄に書き、原稿用紙のマス目には書かない。
エ　題名は、特に指示のない限り、必ず書かなければならない。

□

「六〇〇字以内で書け」などと字数制限がある場合、文字で埋めたマス目の数だけを「一、二、三……」と数えていく必要はない。

行の途中で段落が終わり、**改行**して次の段落に移ると、前の段落のあとに**空白のマス目**ができる。その場合、**改行で生じた空白のマス目も字数として数える**というのが入試独特のルールである。ただし、全文の**最終行は最後の句点「。」まで**のマス目を数えて、残った空白のマス目は字数に含めない。
したがって、全体の字数は次のように計算すればよい。

【一行のマス目の数×最終行を除く行数】＋最終行で埋めたマス目の数

たとえば、一行が二〇マスの原稿用紙で四〇行書き、最後の四〇行目では一二マス埋めたなら、「［二〇マス×三九行］＋一二マス＝七九二字」ということだ。

ルール③
文字は、マス目の中いっぱいに大きく、濃く、丁寧に書く。

✓②のチェック
解答▼p.142

■次の文章の字数は、入試小論文では何字とみなされるか。数えてみよう。

　国際化にとって大切なことは、まず自国の
文化についてよく理解することだ。
　だが、日本人の場合、現代日本のことをあ
まりにも知らない。自国の文化について意見
を言えない日本人が、多すぎる。

当たり前のようだが、大切なのは**文字を大きく、濃く、丁寧に書く**ことである。小さい文字や薄い文字はダメである。逆に、マス目からはみ出るくらい大きすぎる文字もいけない。極端なクセ字も避けたいところだ。

ワンポイント

入試の答案は、**ひとに読ませてやるもの**ではない。**大人の方《かた》に読んでいただくもの**である。美文字でなくとも、読みやすい字を丁寧に書こう。

✓ 3のチェック

解答▼*p. 142*

■次の文章を、あとの原稿用紙のマス目に、読みやすい字で書こう。最初の一マスを空けて書き出すこと。

　スポーツは、人間のからだと心を鍛えるものである。結果や記録も大切であるが、目標に向かって自分を磨いていくことが、人間を大きく成長させる。だから、一流のアスリートは人間としても一流なのである。

ルール4

文章の始まりや、段落の始まりは、一マス空ける。

文章の始まりや**段落の始まり**は、**最初の一マスを空けて、二マス目から書く**。簡単なルールだが、けっこう守られていないのが現実である。カギカッコを用いた**会話文のあと**で、改行して続きを書く場合は、一マス空けずに**一マス目から書く**。改行したときに最初の一マスを空けるのは、段落が変わる場合だけだ。

ルール❺

句読点は、マス目の中の右上に、小さく書く。

ルール❻

カッコ類は、一マスを使って書く。

句読点（。、）は、マス目の中央や下のほうに書いてはいけない。**マス内の右上に小さく書く。**また、句点をしずくのような形に書く人がいるが、よくない。

カッコ類（「」『』（）など）は、**それぞれ一マスを使って書く。カギカッコ**の位置は、「が右下で、」が左上である。

OK ○ 私の「夢」は

OK ○ 『舞姫』を読んで

句点（。）と閉じカッコ（」』）など）が連続する場合は、例外的に**両方を一マスの中に書く。**

OK ○ です。」と言う。

NG × です。」と言う。

なお、**カッコ類の使い分け**には次のような約束がある。

❶「」……**会話、心の中の言葉、引用、特に強調したい語句**などに使う。

❷『』……**会話文中の別の会話、書名**に使う。

ルール❼
句読点、閉じカッコ、「々」は、行頭に書かない。

❸ （ ）……**言い換え、補足説明**などに使う。ただし、入試小論文ではまず使わない。

❹ 〃……縦書きでは**使用禁止**。「 」のかわりなどに使ってはいけない。

句読点（。、）、閉じカッコ（」』）など）、繰り返しを表す「々」は、行頭禁止である。だから、句読点・閉じカッコが行頭に来てしまう場合には、**前の行の末尾のマス目におさめ込んで書く**。また、「々」が行頭に来てしまう場合には、**漢字に直して行頭に書く**。

OK ○ しか|し、……行末の一マスに、文字と読点を一緒に入れる。

OK ○ であ|る。……行末の一マスに、文字と句点を一緒に入れる。

OK ○ であ|る。」……行末の一マスに、文字と句点と閉じカッコを一緒に入れる。

OK ○ 世界の国／国が

NG × 世界の国／々が

ワンポイント

繰り返しを表す「々」は、漢字と同じように**マス目の中央に書く**。
句読点のように右上に書くのではない。

✓ 4〜7のチェック

解答▼p.142

(1) 次の文章を、あとの原稿用紙のマス目に、原稿用紙の使い方のルールに従って書こう。

わたしが会議室に到着したとき、ほとんどの参加者はすでに着席していた。議長がマイクのスイッチを入れて、

「では、ただ今から会議を始めます。」

と宣言し、会議は時間どおりに開始された。

(2) 次の文章は、発音どおりにひらがなで書いてある。漢字・ひらがな・カタカナを使い分け、句読点やカッコ類を補いながら、全文をあとの原稿用紙のマス目に書こう。

たにがわのむこーにあるむらにいくためにわはしおわたらなければならないそのはしとゆーのわほそくてふるいはしだったしかしあんないにんがそれいがいのはしわないとゆーのでどーしてもそれおわたらなければならないそこでわたしたちわごーごーとながれるかわおよこめでみながらひとりずつゆっくりとわたることにした

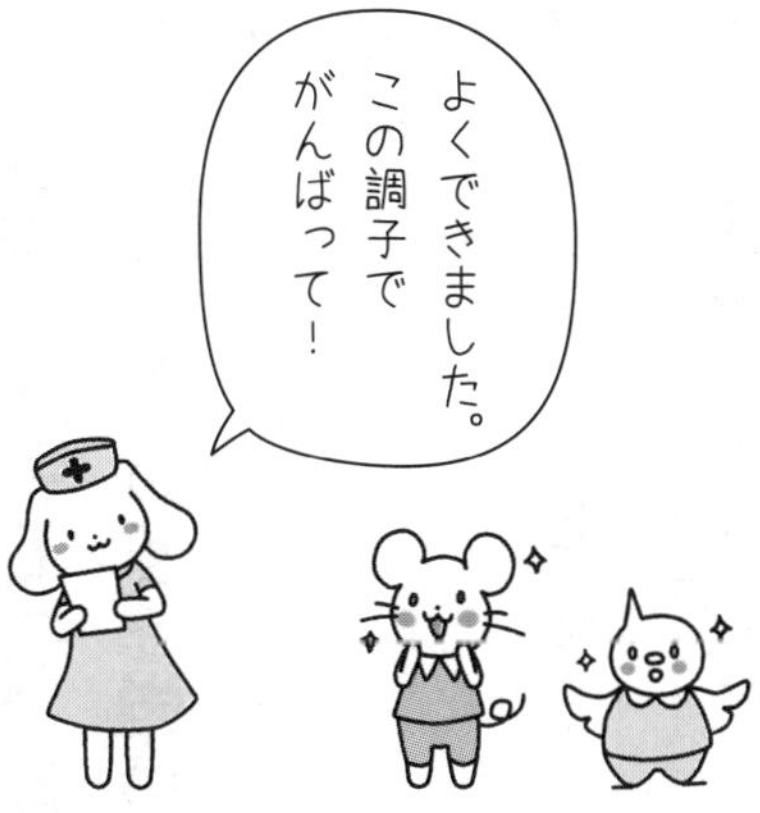
よくできました。この調子でがんばって！

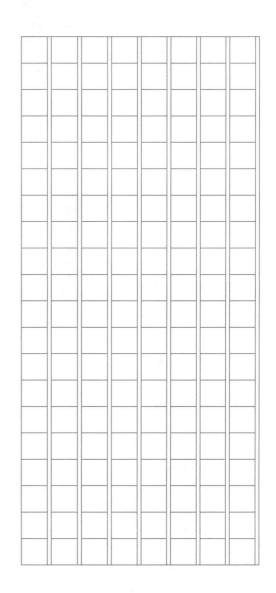

ルール❽
アルファベットは、一字に一マスを使って書く。

アルファベットで単語や略語を書く場合は、**大文字でも小文字でも、縦向きに一字一マスで書く**のが原則である。また、縦書きでは、「km」「mg」のような**単位記号はカタカナで**「キロメートル」「ミリグラム」と書く。アルファベットが出てくるのはあまり多くないかもしれないが、いざというときに困らないように覚えておこう。

OK ○ Y｜e｜s｜と｜言｜え｜ば

OK ○ Q｜O｜L｜の｜こ｜と｜は

NG × Y｜e｜s｜と｜言｜え｜ば (横向き)

NG × Yes｜と｜言｜え｜ば

NG × Q｜O｜L｜の｜こ｜と｜は (横向き)

NG × QOL｜の｜こ｜と｜は

❽のチェック
解答▼ *p. 142*

■次の語句を、下のマス目に縦書きで書こう。

ⓐ iPS細胞

ⓑ Noと言える勇気

ⓒ 時速4 km

ⓐ ⓑ ⓒ

ルール9 「?」「!」や「……」「——」は、使わない。

入試小論文では、**「?」「!」は使ってはいけない**。また、**「……」「——」もまず使わない**。小論文向きではないのだ。これらを使わずに文章を書けるように練習しておこう。たとえば、「——」を使いたくなったときには「つまり」などの語に置き換えてみるとよい。

NG ×　だろうか?　いや……そんなはずはない。

OK ○　だろうか。いや、そんなはずはない。

NG ×　ターミナル・ケア——終末医療とは、

OK ○　ターミナル・ケア、つまり終末医療とは、

9のチェック

解答▶p.142

■次の文を、不適切な記号を使わずに書き直そう。

ⓐ なぜだろう?　その答えはまだわからない。 ←

ⓑ まさか……そんなはずはあるまい! ←

item 3

続・原稿用紙の使い方 ——横書きの場合

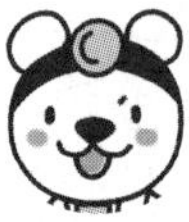

最近は、入試で**横書き原稿用紙**に書かせる学校が増えてきている。ふだんは横書きではなく縦書き原稿用紙に書くことが多いので、とまどう受験生も少なくないだろう。

だが、安心してほしい。原稿用紙の使い方は、**縦書きも横書きも基本的には同じ**なのだ。**横書きは縦書きを反時計回りに九〇度回転させただけ**である。だから、横書き原稿用紙の使い方がわからないときは、九〇度戻して、縦書きの場合を考えてみればよい。

ここでは、特に注意すべき**横書き特有のルール**をまとめておこう。

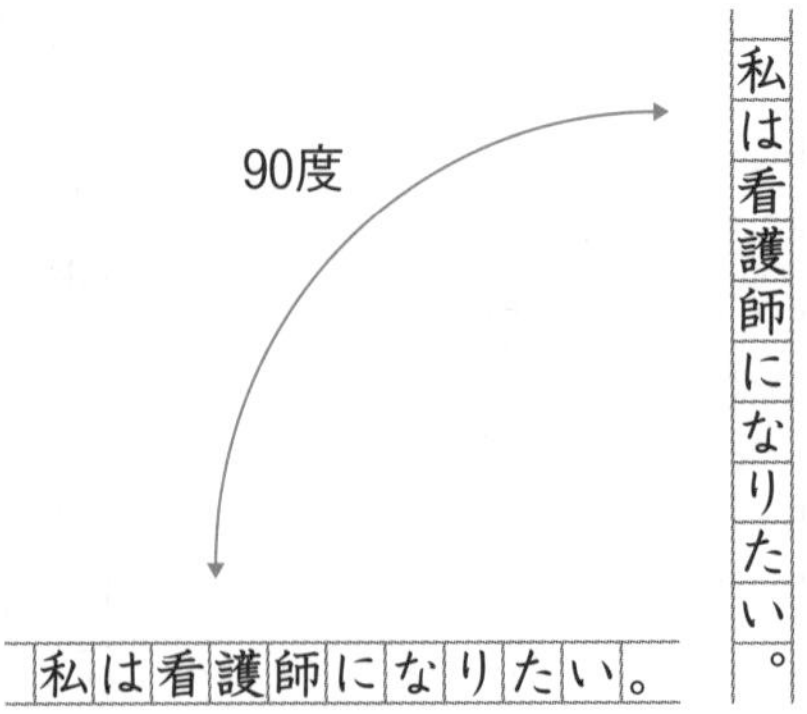
私は看護師になりたい。
90度
私は看護師になりたい。

ルール 続・原稿用紙の使い方 ——横書きの場合

⑩ 句読点は、マス目の中の左下に、小さく書く。

⑪ カギカッコは、始まりの「を右上、終わりの」を左下に書く。

⑫ アルファベットと算用数字は、一字に一マスを使って書く。

数字は原則として、縦書きでは漢数字を使い、横書きでは算用数字を使うんだ。

ルール⑩

句読点は、マス目の中の左下に、小さく書く。

横書きの**句読点（。、）**は、縦書きの句読点を反時計回りに90度回転させた位置ではなく、**マス内の左下に小さく書く**。つまり、縦書きでも横書きでも、句読点は直前の文字の下方にくっつける形で打つ、ということである。

OK ○ 。

OK ○ 、

ルール⑪

カギカッコは、始まりの「を右上、終わりの」を左下に書く。

横書きの**カギカッコ（「」『』）**は、縦書きのカギカッコを反時計回りに90度回転させた位置に書く。カギカッコの中身を包みこむイメージで覚えておくとよい。

OK ○ 私の「夢」は

句点（。）と**閉じカッコ（」』）など）**が連続する場合は、**両方を1マスの中に書く**。

OK ○ です。」と言う。

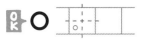

ルール⑫

アルファベットと算用数字は、
1字に1マスを使って書く。

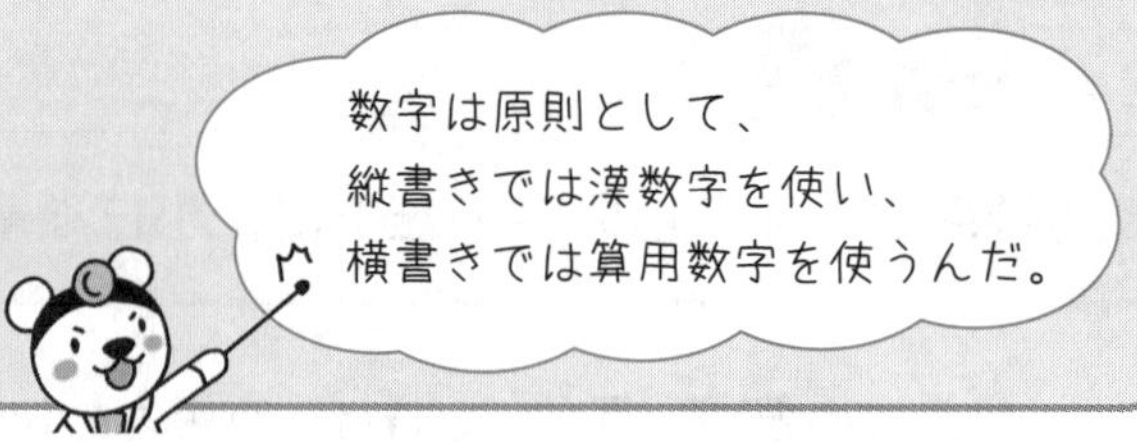
数字は原則として、
縦書きでは漢数字を使い、
横書きでは算用数字を使うんだ。

アルファベットと**算用数字**は、**1字1マスで書く**。「2字1マス」と指導している場合もあるようだが、「1字1マス」のほうが安全だろう。

OK ○

Y	e	s	と	言	え	ば

NG ×

Y	es	と	言	え	ば

OK ○

3	6	.	5	度

なお、**数字**は、原則として、**縦書きでは漢数字を使う**が、**横書きでは算用数字を使う**。ただし、「一人《ひとり》」「二人《ふたり》」「三日月」「四季」など、一語としてまとまっているものは、横書きでも必ず漢数字で書く。

横になるぅ〜

✓ ⑩〜⑫のチェック

解答▶*p.143*

⑴　**次の文章を、あとの原稿用紙のマス目に、原稿用紙の使い方のルールに従って書こう。**

　男が山の中を歩いていると、向こうから大きな動物がやってきた。男は驚いて、
「いったい何だ。」
と思いつつ、とにかく岩の後ろに身を隠した。やってきたのは、一頭のクマであった。こんな大きなクマを、今まで男は見たことがなかった。

⑵　**次の文章を、あとの原稿用紙のマス目に、原稿用紙の使い方のルールに従って書こう。**

　「老老介護」とは、「老人が老人を介護する」という意味から作られたことばで、高齢者の介護者もまた高齢者であることを表している。たとえば、六十歳代の介護者は、介護者全体の三十％を超す。

　介護はその家族だけの問題なのだと考えず、社会全体で考える必要がある。

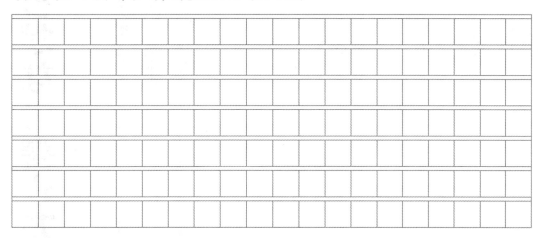

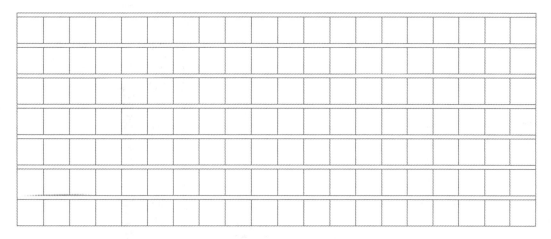

item 4

ひらがなの書き方

原稿用紙に書く場合のように、まとまった量の文章を一定の大きさの文字で書くとき、**ひらがなが美しく正しい字形で書いてあるだけで、見た目の印象がグンとよくなる。**ひらがなの形を整える練習をして、好感度の高い小論文を書けるようになろう。「今さらひらがなの練習?」などと、ひらがなを軽く見てはいけない。

あ い う え お

か き く け こ

さ し す せ そ

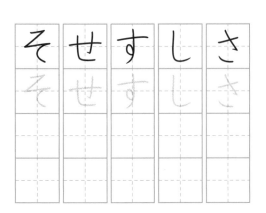

た ち つ て と ま み む め も わ

た ち つ て と ま み む め も わ

な に ぬ ね の や ゆ よ を

な に ぬ ね の や ゆ よ を

は ひ ふ へ ほ ら り る れ ろ ん

は ひ ふ へ ほ ら り る れ ろ ん

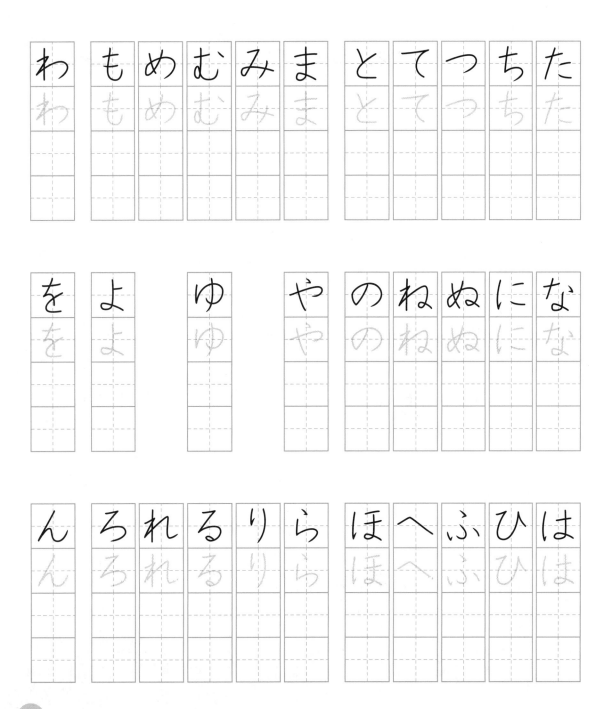

小さめのマス目でも練習しておこう。

あいうえお

かきくけこ

さしすせそ

たちつてと

なにぬねの

はひふへほ

まみむめも

やゆよ

らりるれろ

わをん

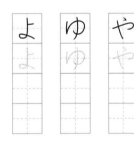

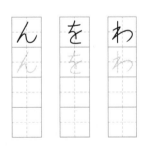

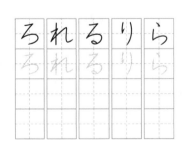

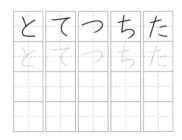

小論文・基礎編

これで合格

Stage2

item 5

小論文とは

入試では**小論文**が課されることがある。特に、**看護医療系では、多くの学校が小論文を必要としている**と言っても、過言ではなかろう。

では、小論文とは、いったいどんなものなのだろうか。

ポイント 小論文とは

❶ 小論文とは、型に従って自分の考えをまとめた文章である。

❷ 入試では、「作文」と言われていても「小論文」と考えて対応する。

ポイント❶

小論文とは、型に従って自分の考えをまとめた文章である。

小論文とは。ズバリ言うと、型に従って自分の考えをまとめた文章である。好き勝手に自分の思いや感想を並べた文章ではない。考えをまとめるには**型**《パターン》があり、**型にそって自分の考えを進めていく**。それを文字で表したものが小論文なのである。

だから、キミたちが小学生の頃から書いてきた**作文**と、小論文は大きく異なる。作文が苦手だった人も、練習すればきちんとした小論文は必ず書けるようになる。

作文と小論文の違いはいくつもあるが、最も大きな違いを二つ示しておこう。

❶ **作文**は、テーマや内容を自分で自由に探してきて書く。一方、**小論文**は、入試で「何でもいいから自由に書け」と出題されることはない。**書くべきテーマや内容があらかじめ決められている。**

❷ **作文**は、自分の感情や感想をたくさん書かなければならない。一方、**小論文**は、**感情や感想を書いてはいけない。**型にそって進めてきた**自分の考えを書く。**

ポイント❷

入試では、「作文」と言われていても「小論文」と考えて対応する。

小論文というと何だか難しそうで、受験生が敬遠するおそれがある。そこで、入試では、小論文ではなく**作文**という名前を使って出題する場合がある。しかし、その場合は作文という名前を使っているだけであり、実質的な内容は小論文なのである。小学生の頃から書いてきた、あの作文が出題されるわけではない。

逆に言えば、入試科目に作文があっても、型に従って自分の考えをまとめるという小論文の書き方をマスターしていれば、じゅうぶん対応できる、ということだ。

入試では、**作文か小論文かは気にしない**ことだ。どちらで出題されても、小論文を書けばよい。

item 6

小論文の基本形

自分の考えを述べていく小論文の**型**《パターン》には、出題内容に応じて、さまざまな型がある。その中でも、まず大切なのは**基本形**である。「さまざまな型」とは基本形が変形したものなので、もとになる基本形をきちんと身につけておくことが、非常に重要なのだ。

ポイント　小論文の基本形

❶ 大事なことは先に書き、全体を四段落で構成する。
❷ 第一段落は、自分で作った問いと答え（結論）を書く。
❸ 第二段落は、第一段落の答えの理由を書く。
❹ 第三段落は、説明を補い、内容を深めて展開させる。
❺ 第四段落は、自分で作った答え（結論）をもう一度書く。
❻ 第一段落と第二段落で、全体の四分の一以上となるようにする。
❼ 原稿用紙に清書したら読み返し、間違いを正す。ただし、訂正は最小限にとどめる。

小論文の基本形は、具体的には次のようになる。

基本形

第一段落
問いと**答え（結論）**を書く

……か。
……である／だ。

第二段落
答えの**理由**を書く
［*Why-Because*］

なぜなら……
……からである／からだ。

第三段落
内容を深めて**展開**させる
［定例経理《テーレーケーリ》］

そもそも……
たとえば……

第四段落
答え（結論）をもう一度書く

したがって……
……と私は考える。

ポイント❶
大事なことは先に書き、全体を四段落で構成する。

ポイント❷
第一段落は、自分で作った問いと答え（結論）を書く。

小論文でいちばん大事なものは、**結論とその理由**である。難しい漢字を使って書いたり、他の受験生が思いつかないような表現を使って書いたりするものではなく、**「自分はこう考える」「なぜならそれは……だからだ」**という二点をきちんと書くほうが、高得点を取れるのだ。そこで、基本形では、**結論とその理由を最初にはっきり書く**。読み手が最も注目するのは、文章の冒頭だからだ。結論は最後に書くという決まりはない。

また、小論文では、ふつう、いくつかの**段落**を作ることが必要となる。だが、「どこで段落を分けたらよいのか」「段落は全部でいくつ作ればよいのか」などと不安に感じる人は少なくない。そこで、基本形では、**段落は四つ作る**ことにして、**それぞれの段落の役割を決めておく**。「この段落ではこれを書く」ということを明確にするほど、読み手にもわかりやすい文章となる。

小論文は、**自分で質問して、自分でそれに答える**ことから始める。出題内容に目を通したら、自分で**問い**と**答え（結論）**を作ることからスタートしよう。

1

出題内容を見る

例 自分を支えてくれた言葉

2 問いを作る ［第一段落］

● 出題内容を**疑問文**に直す。右の例のように名詞で終わっていたり、名詞だけで出題されていたりしたら、**「〜（と）は何か」**の形を使うとよい。

例 **自分を支えてくれた言葉とは何か。**

● 自分で作った問いの文を、**小論文の書き出しの一文**とする。

● 「自分を支えてくれた言葉には、どんなものがあるか」というように、あらかじめ疑問文の形で問いが与えられている場合もある。その場合は、その問いをそのまま書き写せばよい。

3 答えを作る ［第一段落］

● **問いに対する答え**を自分で作る。

● 答えの内容は、人によってさまざまであるはずだ。合格するためにはどう答えれば有利になるかと気にせずに、**自分が思っているとおりの答え**を素直に書けばよい。

● 下書きするとき、思いついた「言葉」だけを書くのではなく、**「それは〜である／だ」**と**主語・述語をそろえた文**の形で書いておくようにする。

例 **それは「努力は裏切らない」という言葉である。**

ワークタイム１

別冊「小論文練習帖」p.2　ワークA　ワークB　ワークC

では、別冊「小論文練習帖」２ページを開けて、基本形に従って実際に書く練習をしよう。まずは、第一段落の下書きにあたる作業だ。出題内容に合わせて、自分で問いと答え（結論）を作ってみよう。

答えの中の赤い文字は特に注意が必要だ。

ワークA ［第一段落］

出題…今までいちばん印象に残っている先生

① 問いを作ろう。
② 答えを作ろう。

解答

① 今までいちばん印象に残っている先生は誰か。

処方せん　「～（と）は何か」の形にあてはめればよいのだが、「先生」は人間なので「何か」ではおかしい。**「～（と）は誰か」**とする。

② 例 それは、中学時代のテニス部の顧問の先生である。

処方せん　**「それは～である／だ」**の形にあてはめる。ただし、先生の名前まで書く必要はない。「担任の先生」「〇〇部の顧問の先生」などと、自分との関係がわかるようになっていればよい。

ワークB ［第一段落］

出題…臓器移植治療について

① 問いを作ろう。
② 答えを作ろう。

解答

① 臓器移植治療の問題点は何か。

処方せん　「～（と）は何か」の形にあてはめて「臓器移植治療とは何か」とすると、その具体的な内容の説明ばかり書いて、自分の考えを書けなくなってしまう。**「～の問題点は何か」**と言葉を補足するとよい。

② 例1 それは、臓器提供者の数が少ないことである。
例2 それは、患者の医療費負担が高額になることである。

処方せん　**問題点を一つ**答える。二つ以上見つけたら、どれか一つにしぼるほうが書きやすい。

ワークC ［第一段落］

出題…商業捕鯨の禁止について、
あなたはどう考えますか。

① 問いを作ろう。

② 答えを作ろう。

解答

① **商業捕鯨の禁止に賛成か、反対か。**

処方せん　「〜(と)は何か」の形でうまくいかず、言葉の補足もできない場合や、「全面的に禁止すべきだ」などの意見がすでに世間一般に広まっているような場合は、**「〜に賛成か、反対か」**の形を使う。この形も覚えておこう。このような出題では、賛成・反対のどちらかの立場をとって書くことが求められているのである。

② 例　**私は、商業捕鯨の禁止に賛成である。**

処方せん　**賛成・反対のどちらか**を答える。「商業捕鯨の禁止に賛成」とは「鯨を捕るな」という立場である。「鯨を捕ってもよい」という立場なら「商業捕鯨の禁止に反対」となる。内容をよく確認して、賛成か反対かを答えること。

★問いは「〜(と)は何か」の形で表す。

★これでうまくいかなければ、「〜の問題点は何か」「〜に賛成か、反対か」の形を使うとよい。

ポイント❸
第二段落は、第一段落の答えの理由を書く。

ポイント❹
第三段落は、説明を補い、内容を深めて展開させる。

第二段落・第三段落では、考える手がかりとして、次の「*Why-Because*」「**定例経理**《テーレーケーリ》」を使う。

第二段落が「*Why-Because*」の段落で、**第三段落が「定例経理」の段落**である。

Why-Because……**理由**。第一段落で答えたことについて、「なぜか」と考えて導き出した理由を、「**なぜなら〜からである／からだ**」の形で書く。第二段落で必ず使うが、他の段落でも使ってよい。

定《テー》……**定義**。出題の中に含まれるキーワードや、自分で作った答えに含まれるキーワードの、意味・内容。「**○○とは××のことである**」式の文になる。

例《レー》……**実例**。テレビ・インターネットのニュースや、新聞で知ったことなど。

経《ケー》……**経験**。自分の過去の体験。友人などから聞いた話でもよい。

理《リ》……**理想**。理想的な、あるべき姿。「**本来○○は△△であるべきだ**」式の文になる。

「*Why-Because*」は、第二段落で必ず使うが、他の段落でも使ってよい。**いつでもどこでも何度でも使える**、便利なツールなのだ。

第三段落では、「定例経理」の四種類すべてを使わなくてもよい。少なくとも**「定例経理」のうち一つを使えば、第三段落は必ず書ける。**もし二種類以上考えついたら、それらをすべて使って書いてもよいし、その中の一つにしぼって書いてもよい。いくつとり上げるかは、制限字数や出題内容によって変わってくる。

段落の書き出しは、内容に応じて、次のように自然に決まる。

段落	内容	書き出し
第二段落	*Why-Because*〔＝理由〕	**なぜなら**
第三段落	定〔＝定義〕 理〔＝理想〕	**そもそも**
	例〔＝実例〕 経〔＝経験〕	**たとえば**

Why-Because♪
テーレーケーリ♪
ヨロシク
この二つは本書だけのオリジナルな用語なのだ。

ワークタイム2

別冊「小論文練習帖」p.4 ワークD ワークE

では、別冊「小論文練習帖」4ページを開けて、ワークB（→別冊 *p.3*／本冊 *p.46*）で作った第一段落（問いと答え）の続きを書いてみよう。第二段落（理由）と第三段落（展開）の下書きにあたる作業だ。

ワークD ［第二段落］

ワークBの②で作った答えの理由を書こう。

解答

例1 なぜなら、日本では臓器提供に対する理解がまだそれほど広まっていないからである。また、臓器提供の意思を示す人がいても、家族の拒否や血液型不適合などで、臓器が提供できない場合がしばしばあることも理由の一つである。

例2 なぜなら、臓器移植手術そのものの費用が高額であるからだ。そのうえ、臓器提供者が見つかるまでの長い入院生活に費用がかかることも理由の一つである。

答えの中の赤い文字は特に注意が必要だ。

★右の解答例ではそれぞれ理由を二つ並べてあるが、理由は一つだけでもじゅうぶんである。

★二つ以上の理由がある場合、それらを「なぜなら～からである／からだ」の一文にまとめようとすると、文頭の「なぜなら」と文末の「からである／からだ」が離れすぎて、ミスのもとになりやすい。

★二つ以上の理由を書く場合は、

「なぜなら～からである／からだ。」

←

「また／そのうえ／それだけでなく～も理由（の一つ）である。」

と、理由ごとに文を分けるとよい。

ワークE ［第三段落］

① ワークD をうけて、展開させよう。
使う種類に○：定・例・経・理

② ①とは異なる種類を使って展開させよう。
使う種類に○：定・例・経・理

解答

①・② 例

《定―ワークDの例1に対応》 そもそも、臓器移植治療とは、体内に他人の臓器を移す治療方法のことである。だから、提供者の臓器が患者の体内に入ると、異物とみなされて拒絶反応が起きる危険性がじゅうぶんに予測される。

《例―ワークDの例2に対応》 たとえば、自分の国では臓器移植手術が承認されていないために、承認されている外国にわざわざ出向いて移植手術を受けるという例がある。これには高額な費用が必要となるはずである。また、先進国の富裕者が、発展途上国の貧困な人々から臓器を買って、移植手術を行うという例もあり、これは今や世界的な問題となっている。

《経―ワークDの例2に対応》 たとえば、私は小学生の頃、外国で行う臓器移植手術のための費用を募金する活動に参加した経験がある。確か、幼い子どもの心臓手術だった。募金はたくさん集まったが、目標額にはほど遠かった。そのとき「外国で移植手術を受けるには、なんてお金が高くかかるのだろう」と感じたことを、今でもはっきり覚えている。

《理―ワークDの例2に対応》 そもそも、医療というのは、けがや病気で弱っている患者を助ける行為であるはずだ。だから、患者がお金持ちかどうかということと、患者に医療行為を施すかどうかということとは、関係がない。しかし、高額の医療費を払える人だけが臓器移植治療を受けられるとすれば、健康や寿命は経済力で決まってしまうということになる。それは、本来の医療のあるべき姿ではない。

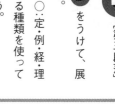

ポイント❺
第四段落は、自分で作った答え(結論)をもう一度書く。

第四段落は、**「したがって」**で書き出して、第一段落に書いた**自分の答え(結論)をもう一度繰り返して書く。**小論文の最初と最後で同じことを繰り返すと、その内容が強調されるという効果が生まれるのだ。

もしも、答えを繰り返すだけでは字数が余りすぎたり、満足できなかったりするならば、**問題の解決策や提案**などを書き添えてもよい。ただし、軽くサラッと書く程度にとどめるようにする。小論文で最も重要なのは結論とその理由なのであって、付け足した解決策や提案ではないからだ。

ポイント❻
第一段落と第二段落で、全体の四分の一以上となるようにする。

以上で、小論文に書くべき内容がそろった。あとはそれを基本形にあてはめて、原稿用紙に清書するだけである。

ただ、このまま進めると、展開に当たる第三段落が大きくなってしまうおそれがある。そこで、最も重要な**第一段落と第二段落の分量が全体の四分の一以上**となるように注意して、全体のバランスを調節することが必要になってくる。

そのためには、原稿用紙に書く前に、下図のように、**原稿用紙の欄外にだいたいの割り付けをメモしておく**とよい。もちろんその割り付けメモは、提出前に必ず消しておこう。

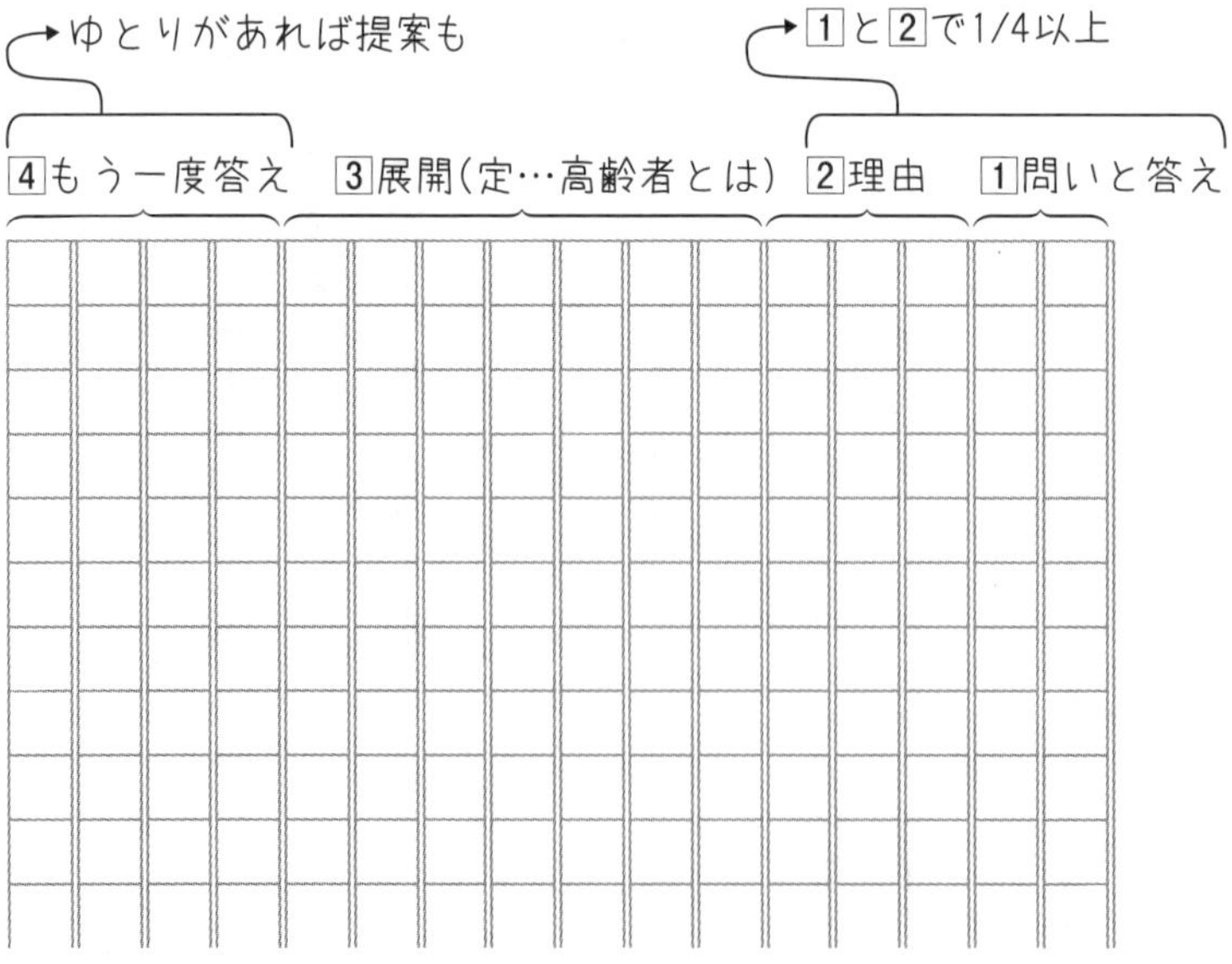

ワークタイム3

別冊「小論文練習帖」*p.* 6 ワークF

では、別冊「小論文練習帖」6ページを開けて、いよいよ原稿用紙に清書しよう。

ワークF

ワークBおよびワークD・ワークEで書いた第一～第三段落に、さらに第四段落を加えて、四〇〇字以内の小論文を原稿用紙に書こう。

解答 → *p.* 54 解答見本を参照。

清書の前に、重要な点をおさらいしておこう。
★基本形にもとづいた段落構成をとり、だいたいの割り付けを欄外にメモする。
★第一段落と第二段落を合わせた分量が、全体の四分の一以上となるようにする。
★段落の書き出しの言葉は、内容に応じて使い分ける。

ポイント7
原稿用紙に清書したら読み返し、間違いを正す。ただし、訂正は最小限にとどめる。

原稿用紙に清書したら、必ず推敲する。**推敲**とは、提出前にもう一度読み返して**不適切な部分がないかを点検し、見つかれば訂正する**作業である。

時には、読み返しているうちにふと別のアイデアがひらめき、大きく消して書き換えたくなるかもしれない。しかし、**いったん書いてしまったものは、たくさん消してはいけない**。なぜなら、書き換えた部分が他の部分から浮き上がってしまい、全体のまとまりが崩れてしまうおそれがあるからだ。あくまでも**訂正は誤字・脱字と、原稿用紙の使い方のレベルにとどめる**ようにする。

それでも、推敲して訂正すると、字数がオーバーしたり、マス目が余ったりすることが起こりうる。そういう場合は、訂正箇所からなるべく近いところで、次のような工夫をして字数を調整し、直す範囲を最小限におさえるようにする。もちろん、いちばんよいのは、最初から間違いのないように注意しながら書き進めることだ。

❶ある語を**別の語**に変える。
❷**句読点の打ち方**を変える。
❸漢字表記を**ひらがな**に変える。または、ひらがな表記を**漢字**に変える。

解答見本

最後に、完成した小論文の見本を示そう。キミが書いた小論文とほとんど同じもののはずである。赤い文字は特に注意が必要だ。

（改行のための空白も含めて、二〇マス×二〇行＝四〇〇字）

第一段落

　臓器移植治療の問題点は何か。それは、患者の医療費負担が高額になることである。

問いと答え

全体の1/4以上

第二段落

　なぜなら、臓器移植手術そのものの費用が高額であるからだ。そのうえ、臓器提供者が見つかるまでの長い入院生活に費用がかかることも理由の一つである。

理由1　理由2

「Why-Because」

第三段落

　たとえば、私は小学生の頃、外国で行う臓器移植手術のための費用を募金する活動に参加した経験がある。募金はたくさん集まったが、目標額にはほど遠かった。そもそも、医療というのは、けがや病気で弱っている患者を助ける行為であるから、富裕層も貧困層も関係ない。しかし、臓器移植治療には高額の医療費が必要なので、結局は経済力で健康や寿命が決まってしまうことになる。それは本来の医療のあるべき姿ではない。

展開1　「定例経理」の「経〔＝経験〕」

展開2　「定例経理」の「理〔＝理想〕」

第四段落

　したがって、臓器移植治療の問題点は、高額の医療費負担である、と私は考える。iPS細胞による移植のような治療が、臓器移植にかわって安価に普及することが待たれる。

答えをもう一度

書き添えはサラッと

この種の出題内容で、字数が四〇〇～六〇〇字程度の小論文なら、基本形に従えば、まず確実に書ける。基本形をマスターすることで、六割以上の入試小論文で合格圏内に入れるはずである。

小論文・実践編

これで合格

Stage3

item 7

出題内容を見たら最初にすべきこと

入試小論文を受けるとき、出題された設問を見たら**最初にすべきことが二つある。**

ポイント 出題内容を見たら最初にすべきこと

❶ まず、何を書けばよいのか考える。
❷ 次に、基本形をどう使うのか考える。

ポイント❶ まず、何を書けばよいのか考える。

入試小論文で、「○○について、論じなさい」「○○について、あなたの考えを述べなさい」というように、「○○について」と**テーマをはっきり指定している場合**は、**指定されているテーマにそって書けばよい**のだから、方向違いなことを書いてしまう心配はないだろう。
しかし、入試小論文には、「次の文章を読んで、あなたの考えを述べなさい」というように、**テーマをはっきり指定せず、課題文を与えて、考えを書かせる場合**もある。何について書けばよいのかは、とにかくその与えられた課題文を読んでみなければわからない。だから、そんな場合は、出題された設問を見ただけでウーンとうなって立ち止まってしまわずに、とりあえず**課題文を読んで、何について書けばよいのか確認しておく**ことが必要だ。

もし、何について書くのかを曖昧にしたまま小論文を書き始めると、取り返しのつかないことが起こりうる。極端な話、出題者のねらいとまったく異なる文章を書いてしまうおそれがあるのだ。たとえて言えば、レストランでパスタを注文しているのにケーキが運ばれてくるような、トンチンカンな感じである。これではとても合格できそうにない。

入試である以上、出題者が答えさせたいテーマは必ず決まっている。これは、正解そのものが決まっているという意味ではなく、**何についての小論文を書くかが決まっている**という意味である。だから、まず初めに、何について書けばよいのかをおさえることが必要なのである。

ポイント❷
次に、基本形をどう使うのか考える。

次におさえることは、**基本形**（↓*p. 43*）をどう使うかということである。**基本形どおりに書く**か、**基本形にひと工夫加えて書く**か、**基本形を変形して書く**か、というふうに、基本形の使い方は大きく三つに分かれる。

それぞれの使い方については、次ページ以降でくわしく解説していこう。

item 8

基本形どおりに書くタイプ

直接疑問文の形や、**単語を一つ示す形**、**テーマを一つ示す形**で出題されるケースは、**基本形がそのまま使える。**安心して取りかかろう。

ポイント　基本形どおりに書くタイプ

❶ 直接疑問文の形
❷ 単語を一つ示す形
❸ テーマを一つ示す形
で出題されるケースは、基本形をそのまま使って書ける。

ポイント❶
直接疑問文の形で出題されるケースは、基本形をそのまま使って書ける。

直接疑問文の形での、入試の出題例を見てみよう。

例　**「働く」とはどのようなことでしょうか。**あなたの考えを自由に論述してください。

（健和看護学院）

この出題例では、基本形の第一段落に書く**問い**と**答え（結論）**のうち、**あらかじめ問いが与えられている**のである。だから、小論文を書くときは、自分で問いを作るというステップを飛ばして、与えられた問いへの**答えを考える**ことから始めるとよい。

第一段落には、与えられた問いをもう一度書いてもよいし、問いを省いていきなり答えから書き始めてもよい。問いが比較的短い文なら、もう一度その問いを書き、問いが長い文なら答えから書き始める、と覚えておけばよいだろう。

出題例　「働く」とはどのようなことでしょうか。

与えられた問いが短いので、第一段落では問いをもう一度書き、そのあとに問いへの答えを書く。

第一段落の例　「働く」とはどのようなことか。それは、社会の一員として社会に参加することである。

ポイント② 単語を一つ示す形で出題されるケースは、基本形をそのまま使って書ける。

看護医療系の入試では、**単語を一つ示す形**で出題されるケースがいちばん多い。つまり、**「○○」**と単語が一つ示してあったり、**「○○について、自由に述べなさい」「○○について、あなたの考えを書きなさい」**などと単語一つに指示が添えられていたりするケースである。

単語を一つ示す形で出題されたら、**基本形どおりに**小論文を書けばよい。入試の出題例を挙げておこう。

例

- **メリハリ**　（下田看護専門学校）
- **絆**《きずな》　（美原看護専門学校）
- 家族の**絆**　（君津中央病院附属看護学校）
- 私の**宝物**という題で、自由に述べなさい。　（仁心看護専門学校）

※右の例の「〜の○○」のように、単語一つに**修飾語が付く場合**もある。

ポイント③ テーマを一つ示す形で出題されるケースは、基本形をそのまま使って書ける。

テーマを一つ示す形の出題では、必ずしも示された語句をとり入れて書かなくてもよいが、それに関連する内容を自分で考えて書くことになる。したがって、単語を一つ示す形での出題と同様、**基本形どおりに**小論文を書けばよい。入試の出題例を挙げておこう。

例

- **「生命」**をテーマにして、あなたの考えを述べなさい。　（戸田中央看護専門学校）
- **主体的な行動を取るために必要なこと**について、あなたの考えを述べなさい。　（鶴岡市立荘内看護専門学校）

中には、次の例のように、いろいろと条件が付いているが、結局は一つのテーマを示している、という出題もある。あわてずに、出題された内容をしっかり読み取ることが大切だ。

例

あなたが関心を持っている時事問題や社会状況について具体例を挙げながら（条件1）、「**信頼**」というテーマで自由に論点を設定し（条件2）、小論文を書きなさい。

（福岡水巻看護助産学校）

直接疑問文の形でも、単語を一つ示す形でも、テーマを一つ示す形でも、第一段落が書けたら、続いて第二段落・第三段落・第四段落を**基本形どおりに**書き進めよう。

なお、入試では、解答を書く原稿用紙が縦書きの場合も横書きの場合もあるし、制限字数・制限時間もバラバラだ。しかし、そういうことにかかわらず、この三つの形のような出題ならば、すべて基本形どおりに書ける。

基本形どおりに書く場合でも、**制限字数に合わせて内容の量を調整する**ことは必要である。たとえば、制限字数が多ければ、各段落をそれぞれ長めに書いたり、重要な語句を丁寧に説明したり、などという調整をすればよい。

ワークタイム

別冊「小論文練習帖」p.8 ワークA ワークB ワークC

では、別冊「小論文練習帖」8ページを開けて、基本形がそのまま使える三種類のケースについて、第一段落（問いと答え）を書いてみよう。
ワークA は直接疑問文の形、ワークB は単語を一つ示す形、ワークC はテーマを一つ示す形での出題だ。

ワークA ［第一段落］

① 出題…動物園にいる動物は幸せか。あなたの考えを述べなさい。

② 出題…患者がセカンド・オピニオンを希望したとき、あなたならどう対処しますか。

解答

① 《問い》例 動物園にいる動物は幸せか。

《答え》例 私は、幸せではないと考える。

処方せん

直接疑問文の形での出題。答えは、**「私は、幸せだと考える」**または**「私は、幸せではないと考える」**のどちらかになる。

② 《問い》例 患者がセカンド・オピニオンを希望したとき、どう対処するか。

《答え》例 私なら、まず、なぜ希望するのかについて、患者としっかり話し合う。

処方せん

直接疑問文の形での出題。「どう対処するか」という問いだから、答えは「私なら……と考える」とするのはよくない。**「私なら……する」**と断定的にきっぱり書くと説得力がある。

ワークB ［第一段落］

① 出題…好きな花

② 出題…未来

解答

① 《問い》例 私が好きな花は何か。

《答え》例 それは、チューリップである。

処方せん

単語を一つ示す形での出題。誰が好きな花なのか明記されていないが、「自分が好きな花」と考えるのがいちばん簡単で、自然だろう。

答えの中の赤い文字は特に注意が必要だ。

② 《問い》例 私にとって未来とは何か。

《答え》例 それは、現在の私の行動しだいで変えられるものである。

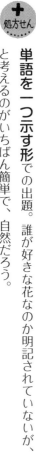

ワークC

［第一段落］

① 出題…「四季」をテーマにして、あなたの考えを述べなさい。

② 出題…「高齢化社会に関する私の提案」というテーマで、あなたの考えを述べなさい。

処方せん

単語を一つ示す形での出題。単に「未来とは何か」という問いを作ると、抽象的で非常に答えにくくなってしまうので、**「私にとって」**を付け加える。このように、**抽象的な単語**や、**広すぎる意味を持つ単語**が出題されたときには、**「私にとって○○とは何か」と限定する**のが効果的だ。

解答

① 《問い》例 四季のよさとは何か。

《答え》例 それは、毎日の生活に変化をもたらしてくれることである。

処方せん

テーマを一つ示す形での出題。いろいろな書き方ができるが、「四季」と聞いて**まず最初に思い浮かべたこと**を手がかりにしよう。「四季おりおりの美」「毎日の生活に変化をもたらしてくれる」というようなことを思い浮かべたなら、「四季のよさ」に焦点をしぼるとよい。**先に答えを用意して、そのあとで問いを作る**と書きやすい。

② 《問い》例1 高齢化社会に関する私の提案は何か。

例2 高齢化社会に関して、私は何を提案するか。

《答え》例1 それは、国や自治体が高齢者の医療費を全面的に負担することである。

例2 国や自治体が高齢者の医療費を全面的に負担することを提案したい。

処方せん

テーマを一つ示す形をとっているが、「高齢化社会に関して何を提案するか」という**直接疑問文に近い形**である。

ここにチューイ!!

★問いは「～(と)は何か」の形で表し、答えは「それは～である／だ」の形で表すのが基本。
★この基本をおさえたうえで、出題内容に応じた書き方を考える。

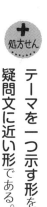

item 9

基本形にひと工夫加えて書くタイプ

単語を二つ示す形で出題されるケースも、基本形に従って書けばよい。ただし、基本形そのままではなく、**基本形にひと工夫加えて書く**ことが必要だ。

ポイント 基本形にひと工夫加えて書くタイプ

❶ 単語を二つ示す形で出題されるケースも、基本形を使って書ける。ただし、「問いと答え（結論）」と「答えの理由」は、独自の公式にあてはめて書く。

これは原則。公式があてはまらない場合もある。

❷ 第一段落は、示された二語の関係に着目して、問いと答え（結論）を書く。

❸ 第一段落は、問いと答えに続けて理由を予告する。

❹ 第二段落は、第一段落の答えの理由を、例または経験を用いて書く。

❺ 第三・第四段落は、基本形をそのまま使って書く。

ポイント❶ 単語を二つ示す形で

入試小論文で最近増えてきたのは、**単語を二つ示す形**で出題されるケースである。

例 **「嘘と良心」**について、あなたの考えを述べなさい。

（戸田中央看護専門学校）

出題されるケースも、基本形を使って書ける。ただし、「問いと答え（結論）」と「答えの理由」は、独自の公式にあてはめて書く。

これは原則。公式があてはまらない場合もある。

ポイント2

第一段落は、示された二語の関係に着目して、問いと答え（結論）を書く。

単語を二つ示す形の出題には、実は、**二語の間にどんな関係があるか**を考えさせる、というねらいがあるのだ。そうすると、第一段落に書くことは、自然と決まってくる。

1 出題内容を見る

例 AとBについて、あなたの考えを述べなさい。

2 問いを作る ［第一段落］

● 示された**二語の関係**に着目して、問いの文を作る。次の公式にあてはめて書く。

問いの公式 AとBにはどのような関係があるのだろうか。

3 答えを作る ［第一段落］

● 問いに対する答えは自由に考えればよいのだが、多くの場合は次の公式が使える。

答えの公式 この二つには「AがあるからこそBがある」といえる関係がある。（AとBは入れ替え可能）

● **答えの公式**が使いにくい場合は、公式にとらわれず、**「この二つには……という関係にある」「この二つには……という関係がある」**という文で答えを書く。

答えの公式の**「AがあるからこそBがある」**は、AとBを入れ替えて**「BがあるからこそAがある」**とするほうが適切な場合もある。二語の関係に注意しよう。例を挙げておく。

例 現代医療がもたらした**光と影**

- ○ 光があるからこそ影がある
- × 影があるからこそ光がある

「光」があって「影」ができるわけだから、答えは簡単。なお、「光」も「影」も比喩表現である。

例 **自由と責任**

- ○ 自由があるからこそ責任がある
- ○ 責任があるからこそ自由がある

これは、どちらを先にすることもできる。ピンと来たほうを答えにするとよい。

例 **ペットと人間**

- × ペットがあるからこそ人間がある
- × 人間があるからこそペットがある

これは、どちらを先にしても、うまくいかない。このような場合は、公式にとらわれず、「この二つは……という関係にある」「この二つには……という関係がある」という答えを作ろう。

例 **ペットと人間**

- ○ この二つは、互いに癒やし癒やされるという関係にある
- ○ この二つには、互いに癒やし癒やされるという関係がある

ポイント③
第一段落は、問いと答えに続けて理由を予告する。

ポイント④
第二段落は、第一段落の答えの理由を、例または経験を用いて書く。

第一段落で問いと答え（結論）を用意したあと、第二段落へ移って、答えの理由を書く、というのが基本形の手順である。しかし、**単語を二つ示す形**で出題されるケースでは、**第一段落で、問いと答えに続けて、答えの理由を簡単に予告**し、それを受けて**第二段落で、例または経験を用いて理由を説明**するのである。理由を予告することによって、小論文の読み手（採点者）の関心を次の段落へ誘導する作戦だ。

4 **理由予告**を書く　［第一段落］

●第一段落でくわしい理由説明をする前に、**第一段落で理由を簡単に予告**する。

理由予告の公式1
なぜなら、次のような例があるからである。

理由予告の公式2
なぜなら、（私には）次のような経験があるからである。

●どちらの公式を用いるかは、次の第二段落で理由説明するときに、例を引いて説明するか、経験にもとづいて説明するかによって決まる。

5 **理由**を書く　［第二段落］

●理由予告を受けて、**第二段落で、例または経験を用いて、理由を説明**する。

理由の公式
たとえば……（例または経験を用いたくわしい理由説明）…………。

●第二段落の書き出しは、「なぜなら」ではなく**「たとえば」**となる。

ポイント5

第三・第四段落は、基本形をそのまま使って書く。

第三段落・第四段落は、**基本形どおりに**書けばよい。第三段落では、「定《テー》例《レー》経《ケー》理《リ》」を使って展開し、第四段落では、第一段落に書いた答えをもう一度繰り返せば、小論文は完成である。

以上をまとめると、次のような形の小論文になる。

基本形

- **第一段落** 問いと答え（結論）
  - ……か。
  - ……である／だ。
- **第二段落** 答えの理由
  - なぜなら……
  - ……からである／からだ。
- **第三段落** 内容を深めて展開
  - そもそも……／たとえば……
- **第四段落** 答え（結論）をもう一度
  - したがって……
  - ……と私は考える。

第一段落 → ひと工夫（関係に着目）／ひと工夫（理由予告）
第二段落 → ひと工夫（例・経験）
第三段落 → そのまま
第四段落 → そのまま

基本形にひと工夫加えた形

- AとBにはどのような関係があるのだろうか。この二つには「AがあるからこそBがある」といえる関係がある。なぜなら、次のような例（経験）があるからである。
- たとえば……
- そもそも……／また、たとえば……
- したがって……
  ……と私は考える。

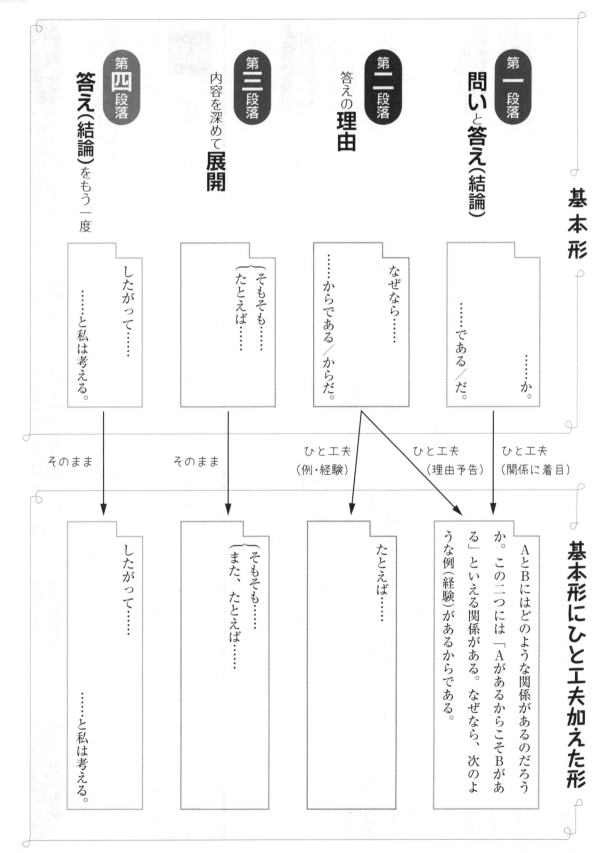

ワークタイム

別冊「小論文練習帖」p.10 ワークA ワークB ワークC ワークD

では、別冊「小論文練習帖」10ページを開けて、基本形にひと工夫加えて書くタイプの小論文を一つ作成してみよう。とり上げるのは、単語を二つ示す形で出題されるケースだ。順を追って書いていくから、何もおそれることはない。

例題　**「資質と意欲」**について、あなたの考えを六〇〇字以内で述べなさい。

ワークA ［第一段落］

① 問いを作ろう。
② 答えを作ろう。

解答

① 資質と意欲にはどのような関係があるのだろうか。
② 例　この二つには「意欲があってこそ資質が磨かれる」という関係がある。

答えの中の赤い文字は特に注意が必要だ。

処方せん

答えの公式にそのままあてはめて「資質があるからこそ意欲がある」あるいは「意欲があるからこそ資質がある」とすると、意味が通らない。そういう場合には**「この二つは……という関係にある」「この二つには……という関係がある」**という文で答えをまとめるとよい。「資質」は生まれつき持っている性質だから、増やしたり伸ばしたりはできないけれど、意欲的に努力することによって磨くことはできる、という方向から攻めてみた。

ワークB ［第二段落］

ワークAの②で作った答えの理由を、例または経験を用いて書こう。

解答

《例》例　たとえば、昔から「十《とお》で神童、十五《じゅうご》で才子、二十《はたち》過ぎればただの人」という言葉がある。子供の頃にはすばらしい資質が備わっていたが、大人になるとそれを感じさせなくなった人のことである。つまり、立派な資質を持っていたとしても、それを磨こうという意欲が不足すると、生かし切れずに終わってしまうのである。

《経験》例　たとえば、中学校で私はテニス部に属していたのだが、そこに同級生のA君が

ワークC ［第三段落］

「定例経理《テーレーケーリ》」の「定（＝定義）」または「理（＝理想）」を使って、内容を展開させよう。

ワークD

ワークA～ワークCで書いた第一～第三段落に、さらに第四段落を加えて、六〇〇字以内の小論文を原稿用紙に書こう。

いた。彼は小学校時代からスポーツ万能で、私は彼にまったく及ばなかった。しかし、私はどうしても彼のようにうまくなりたいと思い、必死で練習した。一方、彼は単調な基礎練習が嫌いで、よく手を抜いていた。三年生になったとき、引退直前の練習試合で私は彼と対戦した。結果は私の圧倒的な勝利で、彼が呆然としていたことをよく覚えている。

解答（ワークC）

《定義》例 **そもそも**、資質**とは**、その人に生まれつき備わっている良さ**のことである**。しかし、生まれつき持っているものでも、磨かなければ輝かない。輝かせようという意欲があってこそ、それが努力につながり、初めて資質が磨かれていくのである。

《理想》例 **そもそも**、資質と意欲**というのは**、どちらか一方が必要なのではなく、両方そろっていること**が望ましい**。また、「意欲がある」ことも資質の一つだと言えるかもしれない。自分の資質の生かし方を考えるのは、他人ではなく自分**であるべきだ**。どんなによい資質を持っていても、意欲的に生かそうと努力しない限り、資質は眠ったままである。

処方せん

第二段落（理由）で例か経験を用いたから、**第三段落（展開）では「定（＝定義）」か「理（＝理想）」を使う**のがベターである。

ここにチューイ!!

★第三段落でも「例（＝実例）」か「経（＝経験）」を使う場合、段落の書き出しに注意。

×「たとえば」……第二段落の書き出しと同じ言葉が連続してしまってカッコ悪い。

○「また、たとえば」……二つめの例（または経験）であることをアピールする。

解答（ワークD）

→p.74 解答見本を参照。

解答見本

最後に、完成した小論文の見本を示そう。各ワークの解答例を単純につなげたものではなく、制限字数に合わせて肉付けをするなど、少し手を加えて整えてある。キミが書いた小論文と比べてみよう。赤い文字は特に注意が必要だ。

（改行のための空白も含めて、［二〇マス×二九行］＋三マス＝五八三字）

第一段落

　資質と意欲にはどのような関係があるのだろうか。この二つには「意欲があってこそ資質が磨かれる」という関係がある。なぜなら、次のような例があるからである。

問いと答え

理由予告

第二段落

　たとえば、昔から「十で神童、十五で才子、二十過ぎればただの人」という言葉がある。子供の頃にはすばらしい資質が備わっていたが、大人になるとそれを感じさせなくなった人のことである。つまり、立派な資質を持っていたとしても、それを磨こうという意欲が不足すると、生かし切れずに終わってしまうのである。

理由

例を用いて理由を説明

第三段落

　そもそも、資質とは、その人に生まれつき備わっている良さのことである。たとえて言えば宝石のもとになる原石のようなもので、

展開1

「定例経理」の「定〔＝定義〕」

磨かなければ輝かない。輝かせようという意欲があってこそ、それが努力につながり、初めて美しい宝石に変わる。言いかえれば、自分の持っている良さを少しでも生かしたいという意欲によってこそ、その人の資質は磨かれていくのである。だから、たとえば、どんなに運動神経が抜群であっても、トレーニングを怠れば、日頃から意欲的に練習を重ねてきた人に、いつかは追い越されてしまうだろう。

展開2

「定例経理」の「例〔＝実例〕」
字数に余裕があったので加えた

第四段落

　したがって、資質と意欲には「意欲があってこそ資質が磨かれる」という関係がある、と私は考える。たとえ原石は小さくても、意欲的にじゅうぶん磨けば、立派に輝くに違いない。

答えをもう一度

書き添えはサラッと

item 10

基本形を変形して書くタイプ(一)——譲《じょう》歩《ほ》節《せつ》を加える方法

制限字数が多いケースや、**賛否どちらの立場もありうる**ケースは、**基本形を変形して書く**と、

小論文がうまくまとまる。

ポイント 基本形を変形して書くタイプ(一)——譲歩《じょうほ》節《せつ》を加える方法

❶ 制限字数が多いケース
❷ 賛否どちらの立場もありうるケース
} は、基本形に譲歩節の段落を加える。
❸ 譲歩節の段落は、展開の段落の前か後ろに入れる。
❹ 基本形の第一段落(問いと答え)と第二段落(理由)を一つに合わせる。

ポイント❶
制限字数が多いケースは、基本形に譲歩《じょうほ》節《せつ》の段落を加える。

たとえば、制限字数が六〇〇〜八〇〇字くらいで「少し長いな」と感じるときや、自分の考えと対立する考え方がチラチラ浮かんできて、自分の考えをなかなかまとめられないときなどは、**基本形の中にもう一つ段落を作る**とよい。この段落を**譲歩《じょうほ》節《せつ》**と名づけることにしよう。それは、次のような段落である。

ポイント②

賛否どちらの立場もありうるケースは、基本形に譲歩《じょうほ》節《せつ》の段落を加える。

譲歩文
確かに…………………………かもしれない。
……………………である。
反論
しかし……

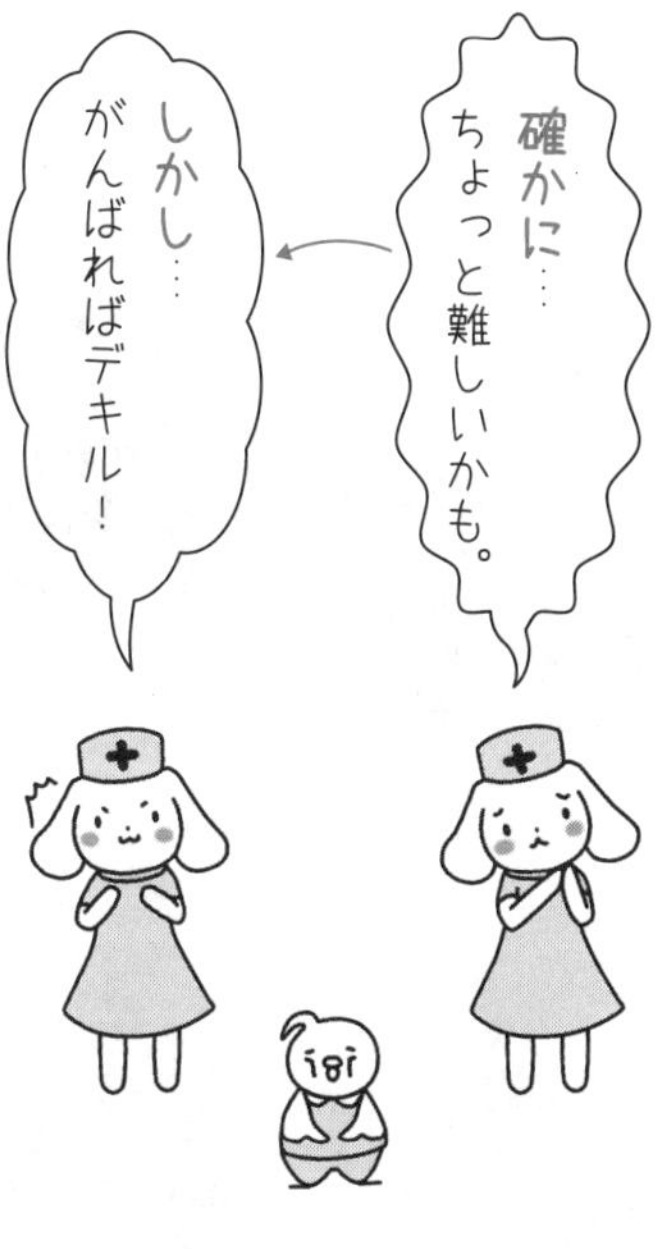
確かに…
ちょっと難しいかも。
しかし…
がんばればデキル！

譲歩節の段落では、まず、**「確かに」**以下の□の**譲歩文**で、**自分の考えと対立する考え方をとり上げて、対立意見も無視せずに耳を傾けている**という姿勢を見せる。それに続けて、**逆接**の**「しかし」**以下の□の部分で、**自分の考えを述べて反論する。**自分の考えを一方的に主張するのではなく、「確かにあなたはそう言いますけれども、私はこう考えます」と相手に一歩譲《ゆず》ったあとで自分の考えを述べることによって、説得力を上げようとする作戦だ。

ワンポイント

「確かに」で始まる譲歩文の末尾は**「……かもしれない」**で結ぶ。この他に**「……という意見もある」「……とも言われている」「……という面もあるだろう」**などの結び方もできる。ただし、「確かに……である」と断言してはいけない。譲歩文は、対立意見を一応とり上げておくだけのものなので、**文末は強く言い切らず、弱い表現にしておく**のである。

ポイント③

譲歩《じょうほ》節《せつ》の段落は、展開の段落の前か後ろに入れる。

ポイント④

基本形の第一段落（問いと答え）と第二段落（理由）を一つに合わせる。

基本形に譲歩《じょうほ》節《せつ》の段落を加える場合、**展開の段落の前か後ろに入れる。**そして、基本形の**第一段落（問いと答え）と第二段落（理由）をまとめて一つの段落にする。**小論文全体の段落の数は四つのままで変えない。

以上をまとめると、次のような形の小論文になる。

基本形

第一段落　問いと**答え（結論）**

……か。
……である／だ。

第二段落　答えの**理由**

なぜなら……
……からである／からだ。

第三段落　内容を深めて**展開**

そもそも……
たとえば……

第四段落　答え（結論）をもう一度

したがって……
……と私は考える。

（第一段落・第二段落 → まとめて一つに　／　加えた　／　第三段落 → そのまま　／　第四段落 → そのまま）

譲歩節を加えた形

……か。
……である／だ。
なぜなら……
……からである／からだ。

確かに……
……かもしれない。
しかし……

そもそも……
たとえば……

したがって……
……と私は考える。

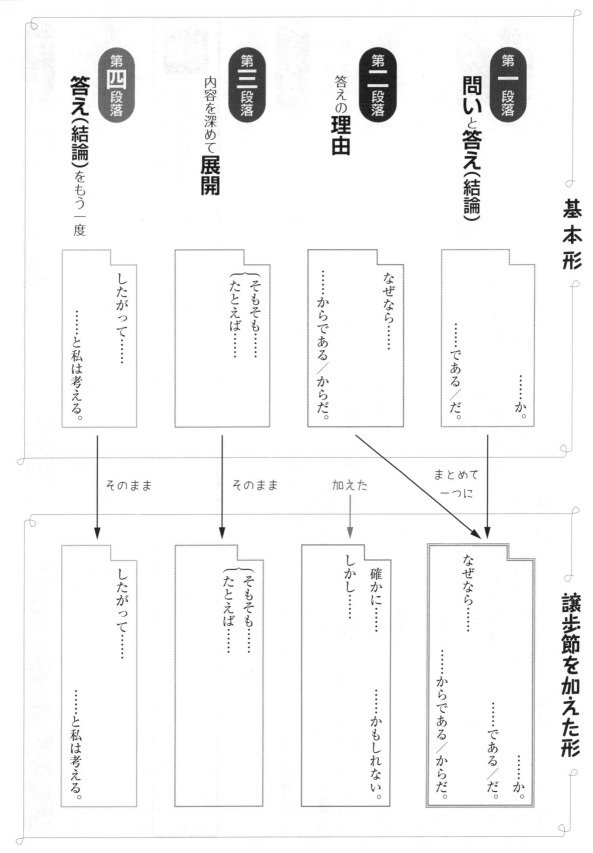

ワークタイム1

別冊「小論文練習帖」p.14 ワークA～ワークH

では、別冊「小論文練習帖」14ページを開けて、基本形に譲歩節《じょうほせつ》を加えるタイプの小論文を一つ作成してみよう。とり上げるのは、賛否どちらの立場もありうるケースだ。要所要所でレクチャーを受けながら、丁寧に作業を進めよう。

例題

商業捕鯨の禁止について、あなたはどう考えますか。六〇〇字以内で述べなさい。

ワークA ［第一段落］

① 問いを作ろう。
② 答えを作ろう。

解答

① 商業捕鯨の禁止に賛成か、反対か。
② 賛成 私は、商業捕鯨の禁止に賛成である。
反対 私は、商業捕鯨の禁止に反対である。

答えの中の赤い文字は特に注意が必要だ。

賛成・反対どちらの立場をとる場合の解答かを示す。
賛成……賛成の立場をとる人の解答。
反対……反対の立場をとる人の解答。

処方せん
出題内容に目を通したら、まず、問いと答えをそれぞれ一文で書くことからスタート。これはいつでも同じ。賛成・反対のどちらを選ぶかは、**直感で決めてよい**。

ワークB ［第一段落］

ワークAの②で作った答えの理由を書こう。

解答

賛成 例 なぜなら、このままなら鯨は絶滅するに違いないからである。
反対 例 なぜなら、鯨を食べるかどうかは各国の文化の違いだからである。

処方せん
ワークAの②で賛成の立場をとった人は賛成する理由を書き、反対の立場をとった人は反対する理由を書く。理由も**直感的に思ったことを書いておけばよい**。一つに限らず、いくつ書いてもよい。

賛成・反対の論拠をメモする。

「商業捕鯨を認めるかどうか」という問題は今や非常に有名で、世界を二分するほどの国際問題となっていることはキミも知っているだろう。「禁止に賛成」「禁止に反対」のどちらか一方だけが正しいのではなくて、どちら側にもそれなりの言い分があるのだ、というくらいは、だいたいわかっているはずである。

このように**賛否どちらの立場もありうる**ケースでは、「自分の考えと対立する考え方は無視！」という姿勢で小論文を書き進めると、説得力に欠けてしまう。**賛否両方へ目配りしておく**ことが必要なのだ。

そこで、キミが賛否どちらの立場をとるにしても、**賛成・反対それぞれの論拠をできるだけたくさんあげて箇条書きする。**このときには**「定例経理《テーレーケーリ》」**を使おう。そして、表の形で書いていけば、**「賛成・反対の論拠一覧表」**ができあがる。展開の段落や譲歩《じょうほ》節《せつ》の段落を書くときに、この表が役立つのだ。

ワークC

賛成・反対それぞれの論拠を、表の形で箇条書きしよう。

解答

例

商業捕鯨の禁止に賛成	商業捕鯨の禁止に反対
㋐ 鯨の多くの種類は、人間の捕獲により、今や絶滅寸前である。人間が鯨を絶滅させてはいけない。 ㋑ 商業捕鯨は、営利目的のために必要数以上に捕獲する。 ㋒ 鯨は高等な知能を持つので、殺して食べるのは残酷だし、かわいそうだ。 ㋓ 動物性タンパク質などの栄養は鯨以外からもじゅうぶんとれるので、他の動物からとればよい。	ⓐ 人間は他の生物を食べて命をつなぐので、鯨を食べるのはしかたがない。 ⓑ 鯨以外でも乱獲によって絶滅した例はある。乱獲さえしなければ、捕獲してもよい。 ⓒ 牛や豚や鶏は知能が高くないから食べてよいという考え方は間違っている。 ⓓ 鯨を食べるかどうかはそれぞれの国の文化の違いなので、「食べるな」と気安く言うべき問題ではない。

処方せん

「定《テー》例《レー》経《ケー》理《リ》」は次のように使われている。

㋐…《定》「鯨の多くの種類」に関して。
㋑…《定》「商業捕鯨」に関して。
㋒…《経》「鯨は高等な知能を持つ」ということを知っているので。
㋓…《理》「栄養」の摂取のあるべき姿。

ⓐ…《定》「人間」の生存に関して。
ⓑ…《例》「鯨以外」の動物の例。
ⓒ…《例》「牛や豚や鶏」の例。
ⓓ…《定》比較文化の立場から。

★入試には制限時間があるので、この作業に時間をかけていたら、肝心の小論文を書く時間が不足してしまう。賛成・反対それぞれに四〜五分、合計一〇分を限度としよう。
★「関係ないかも…」「些《さ》細《さい》な内容だから…」などと思っても、どんどんメモしよう。メモは多いほどよい。あとで自分が助かることになる。

レクチャー

展開の段落を作る。

「賛成・反対の論拠一覧表」が用意できたら、その中から**第一段落の答え（結論）に合う論拠をいくつか選ぶ**。それを使って、展開の段落を作るのである。**箇条書きの項目をつなげて文にまとめ、説明を加える**。段落の書き出しは**「そもそも」「たとえば」**を内容に応じて使い分ける（→p.49）。

展開の段落を作っている途中で書くことがなくなったら、「賛成・反対の論拠一覧表」に戻って、適当な論拠を選ぶ。それでも足りなくなってしまったら、「賛成・反対の論拠一覧表」の内容を増やせばよい。

なお、「賛成・反対の論拠一覧表」の「賛成」の論拠と「反対」の論拠のうち、内容のうえで対立関係が見られる項目があれば、譲歩《じょうほ》節《せつ》の段落で使いやすいので、展開の段落では使わずに残しておくとよい。たとえば ワークC の賛成㋒と反対ⓒがそれにあたる。

ワークD 【第二段落】【第三段落】

「定《テー》例《レー》経《ケー》理《リ》」を使って内容を展開させよう。

解答

賛成

例1《定―ワークC の賛成㋑に対応》そもそも、商業捕鯨とは、簡単に言えば、ビジネスとして鯨を捕まえて売り、利益を上げることである。つまり、商業捕鯨とは、営利目的のための行為である。だから、利益の追求のために、実際の消費量以上にどんどん捕獲する。そうすると、鯨の数はますます減っていくことになる。

例2《経―ワークC の賛成㋒に対応》たとえば、私は今でも水族館のイルカショーを見に行くことがあるが、イルカも鯨の仲間である。鯨の仲間は、超音波で群れの意思疎通をはかるなど、非常に高度な知能を持っていると言われる。イルカや鯨は海にいても哺乳類であり、魚類とは根本的に異なっているのだ。

反対

例1《例—ワークCの反対ⓑに対応》 たとえば、ニホンカワウソなど、絶滅危惧種に選定されている日本の野生生物は三千種を超えている。これらが絶滅の危機に直面しているのは、おもに人間の活動による。人間が生活する中で起こる環境の変化や自然破壊、乱獲などが絶滅の原因となっているのである。そう考えると、多くの絶滅危惧種の中で、鯨だけを特別扱いするのはおかしい。

例2《定—ワークCの反対ⓓに対応》 そもそも、「食」とは文化の一つである。だから、鯨を食べるかどうかは、それぞれの国の文化の問題だ。世界には、犬や猿を食べたり、カタツムリや昆虫を食べたりする国もある。それらを食べない国から見れば異様な感じがするかもしれないが、これはあくまでも文化の違いであり、優劣をつけて考えてはいけない。だから、鯨を食べない文化の人間は、鯨を食べる文化の人間に、「鯨を食べるな」と気安く言うべきではない。

レクチャー

譲歩《じょうほ》節《せつ》の段落を作る。

次はいよいよ**譲歩節**の段落だ。譲歩節の段落には、**譲歩文**と**反論**の二つを書く。

まず、**「確かに……かもしれない」という譲歩文を書く**。「……」の部分には、**自分の考えと対立する考え方**を一つ書く。たとえば第一段落の答えが「商業捕鯨の禁止に反対だ」であるなら、これとは逆の「商業捕鯨の禁止に賛成だ」という立場の考え方を何か一つ入れるわけだ。ワークCの「賛成・反対の論拠一覧表」の中から、反論しやすいものを選び出すとよい。

次に、**「しかし」で始めて、譲歩文に対する反論を書く**。簡単にすまさずに、相手を説得するつもりで言葉をじゅうぶん尽くして説明する。「賛成・反対の論拠一覧表」の中から利用してもよいし、それとは別に新しく思いついた反論を書いてもよい。ただし、感情的にならず、冷静に言葉をつなげていくこと。

ワークE ［第二段落 第三段落］

① 譲歩文を書こう。

② 反論を書こう。

解答

賛成 ① 例 確かに、鯨を食べるかどうかはそれぞれの国の文化の違いなので、「食べるな」と気安く言うべき問題ではないかもしれない。

② 例 しかし、動物性タンパク質などの栄養は鯨以外からもじゅうぶんとれるので、他の動物からとればよいのである。鯨から栄養をとらなければならない理由はない。

反対 ① 例 確かに、「鯨は高い知能を持つ哺乳類であり、殺して食べるのはかわいそうだ」と言う人がいるかもしれない。

② 例 しかし、食べてよいかどうかは知能の高低で決まるものではないはずだ。この論理で行くと、牛や豚や鶏は知能が低いから食べてもよい、ということになるが、それは誤りである。

ワークF ［第四段落］

最初に書いた答えをもう一度書いて、小論文の結論としよう。

解答

賛成 したがって、私は、商業捕鯨の禁止に賛成である。

反対 したがって、私は、商業捕鯨の禁止に反対である。

処方せん

最後の段落は、**基本形と同じ**である。**「したがって」**で書き出して、最初に書いた**答えをもう一度繰り返して書く**。

通して読み、理由の部分をチェックする。

ここまででいちおう小論文の下書きができた。ここで、下書きを通して読んでおこう。

下書きを読んでみて、「これでよし」と思った人は、清書にとりかかればよい。ワークG をとばして ワークH に進もう。

一方、下書きに違和感を持った人は、修正する必要がある。

違和感の原因は、おもに第一段落の**理由**の部分にあるはずだ。それは、ワークB で理由を下書きするとき、とりあえず直感的に思ったことでOK、というふうに進めていたからである。そこで、**理由はこのままでだいじょうぶか**ということが最重要のチェックポイントとなる。

理由をチェックして、このままではよくないと思ったら、書き直そう。また、「賛成・反対の論拠一覧表」や譲歩《じょうほ》節《せつ》の段落、展開の段落を書いているうちに、別の理由が思い浮かぶこともある。そんなときにも理由を書き直せばよい。いずれの場合も、この段階ではまだ、最初に下書きした理由は消さないこと。なお、書き直すのは理由の部分のみとする。第一段落と第四段落の**答え（結論）は絶対に変えてはいけない**。

理由を書き直したら、最初に書いた理由と取りかえて、全体を通して読んでみる。変更前と変更後を比較して、気に入ったほうを選べばよい。

ワークG 【第一段落】

必要ならば、理由を書き直そう。

解答 → *p.80* ワークB の解答例を参照。

割り付けて清書する。

清書に入る前に、段落ごとにだいたいの字数を割り付けよう。今回の例題では譲歩《じょうほ》節《せつ》の段落で分量をとりそうなので、次のように割り付けるのがおすすめだ。

1 「商業捕鯨の禁止」というのは意見の対立がもともとはっきりしているテーマだから、譲歩節の段落は第一段落の直後に置いて、第二段落とする。

2 第一・第四段落は一〇〇字ずつ、第二・第三段落は二〇〇字ずつを目安とする。

ワークH

下書きをもとに、六〇〇字以内の小論文を原稿用紙に書こう。

解答

→ p. 92 解答見本を参照。

ワークタイム2

別冊「小論文練習帖」p.20 ワークa〜ワークh

譲歩《じょうほ》節《せつ》を加えた小論文が一つ書けたところで、もう一つ取り組んでみよう。一つめの小論文と同じ問題で、こんどは逆の立場から書いてみるのである。物事を両面から考えることはとても大切なことであるし、小論文のよいトレーニングにもなる。

では、別冊「小論文練習帖」20ページを開けて、一つめの小論文と同じ手順で書き進めよう。

例題　**商業捕鯨の禁止**について、あなたはどう考えますか。六〇〇字以内で述べなさい。

ワークa ［第一段落］

① 問いを作ろう。
② 答えを作ろう。

解答

① **商業捕鯨の禁止に賛成か、反対か。**

② 賛成 **私は、商業捕鯨の禁止に賛成である。**
反対 **私は、商業捕鯨の禁止に反対である。**

答えの中の赤い文字は特に注意が必要だ。

賛成・反対どちらの立場をとる場合の解答かを示す。
賛成……賛成の立場をとる人の解答。
反対……反対の立場をとる人の解答。

処方せん
問いは、**一つめの小論文と同じ問い**を書く。答えは、**一つめの小論文とは逆の立場の答え**を書く。自分の本心とは異なる答えであっても、気にしなくてよい。

ワークb ［第一段落］

ワークa の②で作った答えの理由を書こう。

解答

賛成 例 **なぜなら、このままなら鯨は絶滅するに違いないからである。**

反対 例 **なぜなら、鯨を食べるかどうかは各国の文化の違いだからである。**

処方せん
ワークa の②で賛成の立場をとった人は賛成する理由を書き、反対の立場をとった人は反対する理由を書く。自分の本心とは逆の立場をとるので、すぐには適当な理由が思いつかなければ、**あとでもう一度考える**として、今のところは空欄のままでもよい。

ワークc

賛成・反対それぞれの論拠を、表の形で箇条書きしよう。

ワークd ［第二段落］［第三段落］

「定《テー》例《レー》経《ケー》理《リ》」を使って内容を展開させよう。

ワークe ［第二段落］［第三段落］

① 譲歩文を書こう。
② 反論を書こう。

ワークf ［第四段落］

最初に書いた答えをもう一度書いて、小論文の結論としよう。

解答

→p.82 ワークC の解答例を参照。

処方せん

通常なら、**賛成・反対それぞれの論拠をできるだけたくさんあげて箇条書きする**作業が必要になる。しかし、ここでは、一つめの小論文の ワークC で書いた「賛成・反対の論拠一覧表」が利用できる。表に書いてある論拠以外に、新たに別の論拠が思い浮かんだら、表に追加してよい。

解答

→p.83 ワークD の解答例を参照。ただし、二つめの小論文の立場に合うものを答えとすること。

解答

→p.85 ワークE の解答例を参照。ただし、二つめの小論文の立場に合うものを答えとすること。

解答

賛成 したがって、私は、商業捕鯨の禁止に賛成である。

反対 したがって、私は、商業捕鯨の禁止に反対である。

処方せん

「したがって」で書き出して、最初に書いた**答えをもう一度繰り返して書く。一つめの小論文とは逆の立場の答え**になる。

あらためて理由を考える。

ワークb で、すぐには適当な理由が思いつかない人はあとでもう一度考えよう、ということにしていた。該当する人は、ここで、展開の段落や譲歩節《じょうほせつ》の段落の内容と関連させて、もう一度理由を考えてみよう。

それでもよい理由が見つからないならば、展開の段落でとりあげた内容の中から一つを代表させて、理由にすればよい。

ワークg ［第一段落］

ワークb が未完成だった人は、理由を考えて書こう。

解答 → p.88 ワークb の解答例を参照。

ワークh

下書きをもとに、六〇〇字以内の小論文を原稿用紙に書こう。

解答 → p.94 解答見本を参照。

賛成・反対は、どちらを選んでも合否に影響しない。

賛否どちらの立場もありうるような問題について、賛成・反対それぞれの立場から一つずつ小論文を書いてみた。

二つめに書いた小論文はキミの本心に反する内容になっているが、このように、個人的な意見がどうであるかに関わらず、**小論文というものは賛否どちらの立場からも書けてしまう**のである。これは小論文というものが持っているおもしろい性質だと言える。

入試小論文は受験生の思想調査を目的としているわけではないので、賛成の立場で書いても、反対の立場で書いても、合否に影響することはない。「商業捕鯨の禁止」について賛成しても、反対しても、直接それが得点に結びつくわけではないのである。

だから、いつも自分の本心どおり正直に書くのではなく、**賛否どちらの立場をとるほうが書きやすいか**を考えて、書きやすいほうで書くという作戦も取れる。また、「以前『商業捕鯨の禁止』に賛成する立場で書いたことがあるから、こんどは反対する立場で書いてみよう」という練習方法も取れる。

繰り返して言うが、賛否どちらの立場に立つかが合否を左右することはない。安心して、どちらかの立場を選べばよい。

解答見本

最後に、賛成・反対それぞれ立場から書かれた小論文の見本を示そう。赤い文字は特に注意が必要だ。

《商業捕鯨の禁止に賛成》

（改行のための空白も含めて、［二〇マス×二九行］＋三マス＝五八三字）

第一段落　一〇〇字

　商業捕鯨の禁止に賛成か、反対か。私は、商業捕鯨の禁止に賛成である。つまり、鯨を捕獲することをビジネスにしてはいけない、と私は考える。なぜなら、このままなら鯨は絶滅するに違いないからである。

問いと答え　理由

第二段落　二〇〇字

　確かに、鯨を食べるかどうかはそれぞれの国の文化の違いなので、「食べるな」と気安く言うべき問題ではないかもしれない。しかし、動物性タンパク質などの栄養は鯨以外からもじゅうぶんとれるので、他の動物からとればよいのである。ただ、極端な例だが、地理的な条件で鯨しか栄養源がない住民は、自分たちの食糧として必要最小限の鯨を捕獲するだろう。だが、それは商業捕鯨にはあたらない。

譲歩文　反論

第三段落
二〇〇字

第四段落
一〇〇字

　そもそも、商業捕鯨とは、簡単に言えば、ビジネスとして利益を上げるために鯨を捕まえて売ることである。つまり、商業捕鯨とは、営利目的のために行われる行為なのである。だから、利益の追求のためならどんどん捕獲し、食用以外にも、たとえば、骨・歯・油・皮膚などさまざまな部位を加工して製品化する。そのため、鯨を食べる文化を持つ国での消費量以上に、鯨の数はますます減っていくことになる。

　したがって、私は、商業捕鯨の禁止に賛成である。人間の身勝手な事情で鯨を絶滅させてしまうことは、自然の生態系を壊すという意味でも、結局は人間の幸福につながらないのだ。

展開1
「定例経理」の「定〔＝定義〕」

展開2
「定例経理」の「例〔＝実例〕」

答えをもう一度

字数に余裕があるので書き添えた

《商業捕鯨の禁止に反対》

（改行のための空白も含めて、［二〇マス×二九行］＋五マス＝五八五字）

第一段落
一〇〇字

第二段落
二〇〇字

　商業捕鯨の禁止に賛成か、反対か。私は、商業捕鯨の禁止に反対である。つまり、ビジネスとして鯨を捕獲し、食用にしてもよい、と私は考える。なぜなら、鯨を食べるかどうかは各国の文化の違いだからである。

　確かに、「鯨は高い知能を持つ哺乳類であり、殺して食べるのはかわいそうだ」と言う人がいるかもしれない。しかし、食べてよいかどうかは知能の高低で決まるものではないはずだ。この論理で行くと、知能が低い動物は食べてもよいということになってしまう。また、「鯨は人間が捕りすぎて絶滅寸前なので、捕鯨を禁止すべきだ」という意見もあろう。だが、絶滅寸前なのは乱獲が原因なのだから、乱獲さえしなければ、捕鯨は許される。

　そもそも、人間というのは、他の生き物を殺して食べなければ生きていけない存在であ

問いと答え

理由

譲歩文1

反論1

譲歩文2

反論2

展開1

「定例経理」の「定〔＝定義〕」

第四段落
一〇〇字

第三段落
二〇〇字

る。鯨だけを特別視して「かわいそうだ」と言うのは、単なる感情論にすぎない。また、高等な知能を持つ犬や猿を食べる習慣を持っている国もあるが、そのような食習慣を持つ国は野蛮で低劣だと決めつけてよいだろうか。そもそも、「食」も文化の一つであるのだから、各国の食文化に優劣をつけることはできない、と考える。

したがって、私は、商業捕鯨の禁止に反対である。鯨を食用としない文化だけが正しいと決めつけて、その文化を他国にも押し付けることは、あまりにも一方的だ、と考えるからである。

展開2
「定例経理」の「定〔＝定義〕」

答えをもう一度

字数に余裕があるので理由を添えた

item 11

基本形を変形して書くタイプ(二)——課題文や資料のまとめを加える方法

入試小論文では、単語やテーマを示す形で出題されるケースの他に、**課題文を示す形**で出題されるケースや、**図・表・グラフなどの資料を示す形**で出題されるケースもある。これらは課題文や資料を読み取ってその内容に関わることを書くもので、具体的には「次の文章を読んで(次の資料を見て)、○○について、あなたの考えを△△字以内で述べなさい」というような指示が出されることが多い。

このケースも、大筋は基本形が使える。ただし、**基本形を変形して書く**ことが必要になる。

ポイント 基本形を変形して書くタイプ(二)——課題文や資料のまとめを加える方法

❶ 課題文や資料を示す形で出題されるケースは、基本形の最初にまとめの段落を加える。

❷ まとめの段落は、一文で書く必要はない。

❸ 基本形の第一段落(問いと答え)と第二段落(理由)を一つに合わせる。

❹ まとめの段落は、課題文や資料の要約ではなく、主張を抜き出して書く。

ポイント1
課題文や資料を示す形で出題されるケースは、基本形の最初にまとめの段落を加える。

入試で課題文や図・表・グラフなどの資料を与えて小論文を書かせるのは、小論文を書く力だけでなく、**課題文や資料を読み取る力も同時に見ようとする**意図が出題者にあるからだ。

もしも、与えられた課題文や資料をまったく無視して、自分の考えばかりを書いてしまったら、課題文や資料を読み取る力がないと判断されて0点になることもあり得る。だから、「私は与えられた課題文や資料をきちんと読みました」ということを小論文の中に盛り込む必要がある。そうして初めて、出題者の注文にかなった解答になるのである。

そこで、**最初の段落では、課題文から読み取った筆者の意見をまとめたり、資料から読み取った重要ポイントをまとめたりする**ようにする。そうすることで、出題者の意図に沿っていることも表せるし、何が問題なのかも明確にすることができるのだ。

まとめの段落は、次のようになる。

《課題文が示された場合》

この文章で筆者は……
……と述べている。

《図・表・グラフなどの資料が示された場合》

この資料から……
……ということが読み取れる。

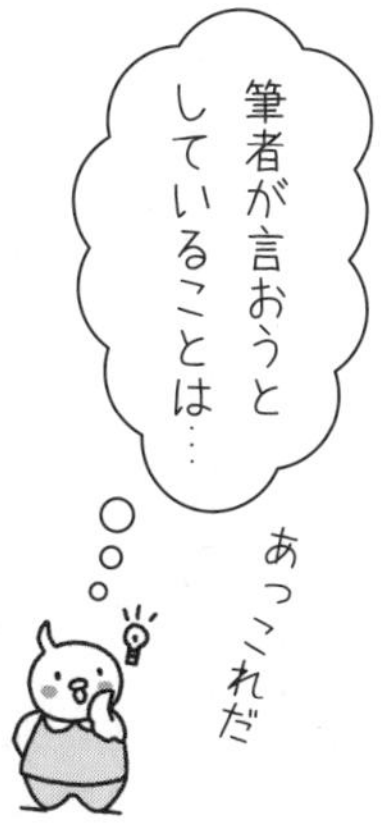
筆者が言おうとしていることは…
あっこれだ

この資料のポイントは…
わかった

ポイント❷
まとめの段落は、一文で書く必要はない。

ポイント❸
基本形の第一段落（問いと答え）と第二段落（理由）を一つに合わせる。

もし課題文の中に**筆者の意見**がいくつもあるなら、まとめの段落では、

この文章で筆者は、……と述べている。また、……とも言っている。

と、**筆者の意見をいくつかの文に分けて書く**とよい。

また、複数の**資料**が示されて**「表A」「図B」**などと名付けられていたら、まとめの段落では、

表Aからは、……ということが読み取れる。また、図Bからは、……ということがわかる。

などと、**それぞれの資料からわかる内容を一つずつ文章化していく**とよい。

まとめの段落は基本形の最初に置くのだが、そうすると基本形の段落の数が四段落より一つ増えて五段落となってしまう。そこで、譲歩節《じょうほせつ》を加えるタイプ（→*p.79*）と同じように、基本形の**第一段落（問いと答え）と第二段落（理由）をまとめて一つの段落にする**。小論文全体の段落の数は四つのまま変えない。

以上をまとめると、次のような形の小論文になる。

基本形

第一段落
問いと**答え（結論）**

……か。
……である／だ。

第二段落
答えの**理由**

なぜなら……
……からである／からだ。

第三段落
内容を深めて**展開**

｛そもそも……
｛たとえば……

第四段落
答え（結論）をもう一度

したがって……
……と私は考える。

（第一段落・第二段落 → まとめて一つに／加えた／第三段落 → そのまま／第四段落 → そのまま）

まとめを加えた形

（加えた）
｛この文章で筆者は……
｛この資料から……
｛……と述べている。
｛……ということが読み取れる。

（まとめて一つに）
なぜなら……
……か。
……である／だ。
……からである／からだ。

（そのまま）
｛そもそも……
｛たとえば……

（そのまま）
したがって……
……と私は考える。

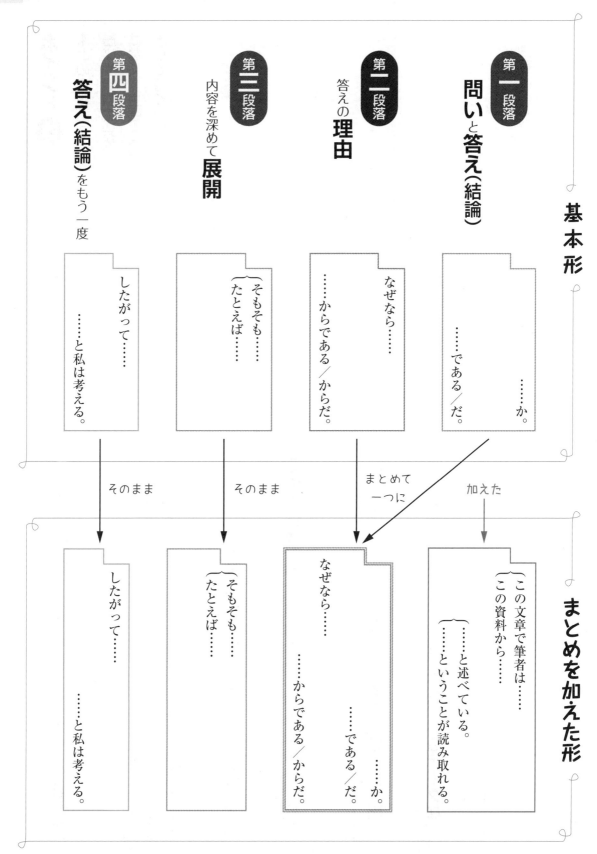

ポイント④
まとめの段落は、課題文や資料の要約ではなく、主張を抜き出して書く。

まとめの段落に関して、一つ気をつけてほしいことがある。

課題文が与えられているとき、第一段落では**課題文から読み取った筆者の意見をまとめる**べきなのに、誤って課題文全体を要約してしまう受験生が非常に多いのだ。

要約は、課題文全体を縮小コピーしたようなものである。したがって、第一段落に要約を書くと、どうしても字数が多くなる。そのうえ、要約には筆者の意見以外も含まれるため、第一段落は字数が多くなるわりに、内容の乏しい段落となる。そうやってできあがった小論文は、頭でっかちで全体のバランスが崩れたものになってしまう。

第一段落で必要なのは、要約することではなく、**課題文を通じて筆者が言おうとしていること**、つまり**主張をまとめる**ことである。課題文のかわりに図・表・グラフなどの資料が与えられているときも、**資料を通じてその作成者が言おうとしていること**をまとめる。

そのためには、次の作業を行おう。

> ❶ **課題文**……**事実**を述べている部分と**意見**を述べている部分に分けて、**意見の部分を抜き出す。**
>
> ❷ **図・表・グラフなどの資料**……最も**特徴的**な部分に注目して、**何を表しているデータなのかをまとめる。**

✓4のチェック

解答▼p.143

(1) 次の文章について、筆者の主張を一文でまとめよう。

幼稚園の先生と話していると、信じられないような話が出てくる。服のボタンをとめられない子、紐《ひも》を結べない子、靴を自分ではけない子……などである。一時、箸《はし》を使えない子やナイフで鉛筆を削れない子が話題になったことがあったが、もはやそんなことは普通になり、自発的に細かい行動ができないロボット的な子どもが現れた、という慨嘆の声が聞こえる。

こういう子の特徴は、自発性が乏しく、身のまわりのことは人がしてくれるものだと思っていることだ。ボタンをとめるなどというわずらわしいことは、他の人がしてくれることで、自分ですることではないと思っているのだ。そのくせ自己主張ははげしく、それがかなえられないといらいらし、不機嫌になるという。幼時から母親が子どもの身のまわりのことを何でもしてやるから、こういう事態が起こるのである。ボタンをとめるために、子どもが不器用にもぞもぞ指を動かしているのを見ると、もどかしくて見てはおれない。すぐ「お母さんがやってあげましょう」ということになるのだ。

ボタンをとめるとか紐を結ぶという行為は、結構複雑な指使いを必要とする。子どもが初めてそれに挑戦するときはかなりの努力と忍耐心を要求されるから、もたもたするのは当然のことだ。それを見かねた母親の過剰な「思いやり」が、子どもの自発性を奪ってしまう結果になる。母親の親切が、結局子どもを着せ替え人形にしてしまっているのである。

〔河合雅雄『子どもと自然』(岩波新書)による〕

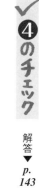

表・グラフの中の注目すべき部分をおさえよう。

(2) 下の表は、一人の人が×の位置に座っている場合に、もう一人の人（●）が×の人と雑談するとき、●の人が×の人と共同でレポートを書くとき、●の人が×の人と計算の競争をするとき、●の人が単独でレポートを書くとき、それぞれどこに座るかを調査した結果である。この表から読み取れることを、次の一文にまとめてみた。空欄に適当な語句を補おう。

会話をするには［1］距離で［2］位置が好まれ、他の目的では別の位置が好まれる傾向があると言える。

1 ［　　　］

2 ［　　　］

	①	②	③	④	⑤	⑥
雑談	11.5%	66.7%	5.7%	0.6%	11.5%	4.0%
共同レポート	11.5%	24.1%	8.0%	0.0%	55.7%	0.6%
計算の競争	1.7%	24.1%	31.0%	1.7%	19.0%	22.4%
単独レポート	1.7%	23.0%	42.5%	5.7%	9.2%	17.8%

〔岡本真一郎『言語の社会心理学』（中公新書）による〕

(3) 左ページのグラフは、就職時に学生が自分に不足していると思う能力と、企業が学生に不足していると思う能力について、アンケート調査を実施した結果である。このグラフから読み取れることを、次の文にまとめてみた。空欄に適当な語句を補おう。

学生は自分に［1］や［2］が不足していると考えている。一方、企業は学生に［3］や［4］の不足を感じている。このことから、両者の認識のあいだには大きな［5］が存在することがわかる。

1 ［　　　］

2 ［　　　］

3 ［　　　］

4 ［　　　］

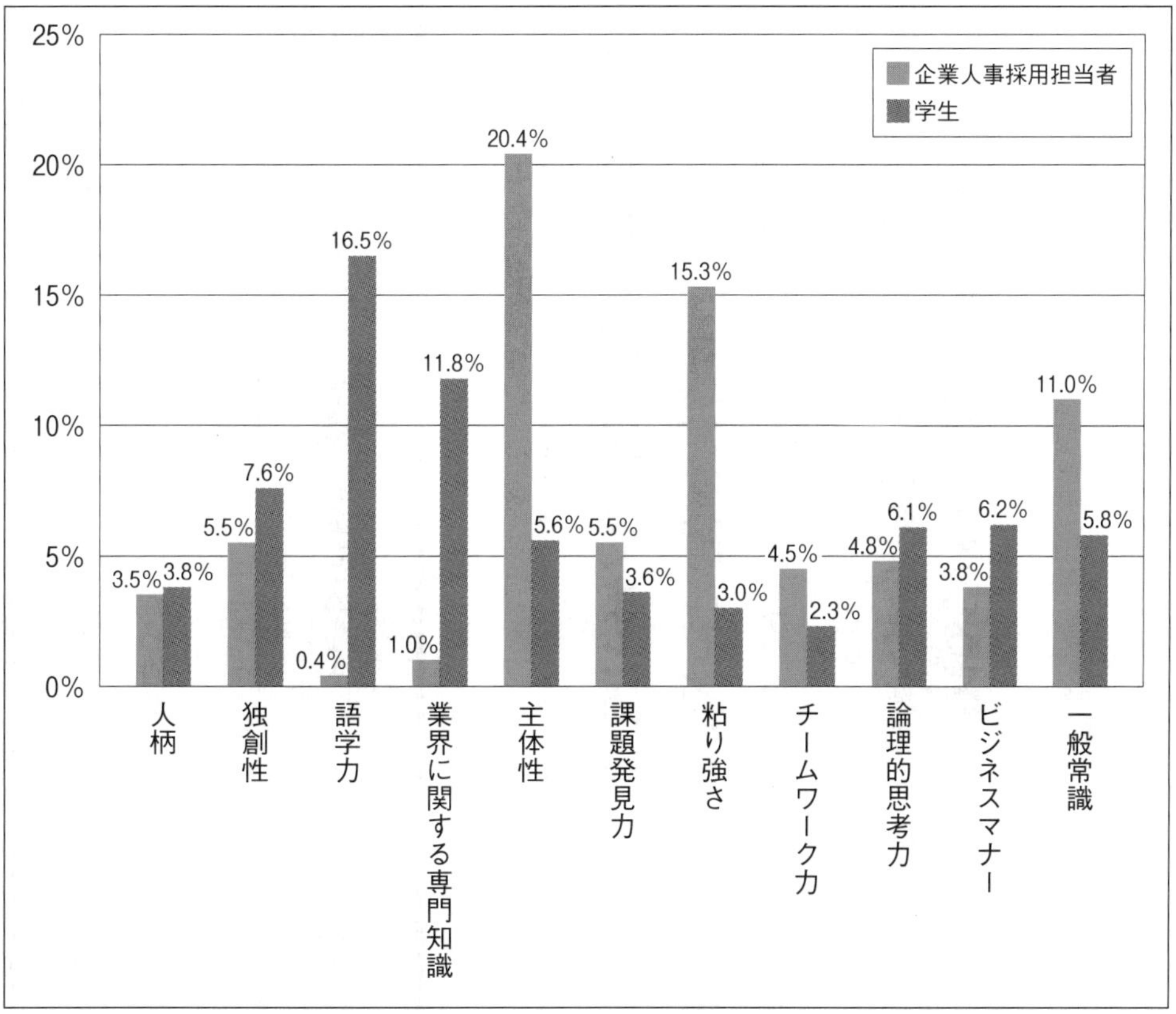

〔「大学生の『社会人観』の把握と『社会人基礎力』の認知度向上実証に関する調査」(経済産業省)を加工して作成〕

ワークタイム　別冊「小論文練習帖」p.24　ワークA〜ワークI

では、別冊「小論文練習帖」24ページを開けて、基本形にまとめを加えるタイプの小論文を一つ作成してみよう。とり上げるのは、課題文を示す形で出題されるケースだ。レクチャーを受けて作業内容を確認しながら進めよう。

例題　**次の文章を読んで、**あなたの考えを六〇〇字以内でまとめなさい。

（課題文は別冊「小論文練習帖」*p.*24を参照）

筆者の意見を抜き出してまとめる。

最初にすることは、**課題文を読んで筆者の意見を抜き出す**ことだ。
この例題の課題文は、難しそうに見えるが、あまり時間をかけられないので、次のようにする。

課題文から**事実を述べている文**を取り除く。
そうすれば**筆者が意見を述べている文**が残る。

第一段落を見てみよう。

▼第一文「米国の……」　→事実を述べている文
▼第二文「日本語なら……」　→事実を述べている文
▼第三文「DNAを……」　→事実を述べている文

▼第四文「経営者の……」→事実を述べている文
▼第五文「99ドルの……」→事実を述べている文
すべてが「事実を述べている文」だから、第一段落には「筆者が意見を述べている文」はない。
以下もこの方法で調べると、課題文の中に「筆者が意見を述べている文」は三つあることがわかる。

ワークA ［第一段落］

課題文から、筆者が意見を述べている文を三つ抜き出そう。

解答

ⓐ 一方で、科学的根拠や倫理の検討が十分か、心配がある。
ⓑ 確かに今はそうかもしれないが、5年後、10年後は？
ⓒ 本当にやってきそうな遺伝子時代に備え頭の体操は欠かせない。

課題文の表記を変えず、そのまま書き写そう。
○5年後、10年後
×五年後、十年後

ワークB ［第一段落］

ワークAで抜き出した三つの文について、必要な言葉を補ったり、不要な言葉を削ったり、適当な表現に改めたりしながら、「筆者は……と言っている」という形に整えよう。

解答

ⓐ 例 筆者は、遺伝子ビジネスについて、科学的根拠や倫理の検討が十分か、心配がある、と言っている。

答えの中の赤い文字は特に注意が必要だ。

ⓑ 例 筆者は、今はお遊び程度だが、5年後、10年後はどうかわからない、と言っている。
別解 筆者は、今はお遊び程度だが、10年後はお遊びではすまないだろう、と言っている。

ⓒ 例 筆者は、本当にやってきそうな遺伝子時代に備えて柔軟にいろいろと考えておくことが大切だ、と言っている。

処方せん

ⓐは、抜き出しただけでは**何についての話か**がわからないので、三つ前の文にある「遺伝子ビジネス」を補って明確にする。また、文頭の「一方で」は直前の内容との対比を表す言葉なので、削除する。ⓑは、「そうかもしれない」の**「そう」が指示する内容**を補う。また、「10年後は?」のあとに**省略されている内容**も補う。ⓒは、「頭の体操」が「柔軟に考えること」の**比喩**であることをおさえる。

ワークC ［第一段落］

ワークB をもとにして、筆者の意見を一〇〇字程度でまとめよう。

解答

例 **筆者は、**遺伝子ビジネスについて、科学的根拠や論理の検討が十分か、心配がある、**と言っている。また、**今はお遊び程度だが、10年後はお遊びではすまないだろうから、いろいろと考えておくことが大切だ、**とも述べている。**（一〇二字）

処方せん

ⓑ・ⓒの冒頭の「筆者は」は、ⓐと重なるので省略するのがよい。また、文末は、すべて同じ**「と言っている」**の形でなく、**「と述べている」「と主張している」**などと変化をつけると、文の見ばえがよくなる。

レクチャー

問いと答えを作る。

第二段落は、譲歩《じょうほ》節《せつ》を加えるタイプ（→*p.79*）と同じように、自分で**問い**と**答え（結論）**を作って書き、そう答える**理由**も書く。第一段落で筆者の意見をまとめたのだから、問いは次のようにするのが最も簡単で効果的だ。

筆者の考えに賛成か、反対か。

そして、もちろん答えは次のようになる。

私は、筆者の考えに賛成（反対）である。

ワークD ［第二段落］

① 問いを作ろう。
② 答えを作ろう。

解答

① 例 筆者の考えに賛成か、反対か。

別解 筆者の主張について、どう考えるか。

処方せん 賛否を直接問うと、裁判のような印象を持ってしまう人がいるかもしれない。それがいやなら、別解のように「どう考えるか」と問うてもよい。

② 例 私は、筆者の考えに賛成である。

別解 私は、筆者の主張に賛成である。

処方せん 賛成・反対はどちらでもかまわない。自分がパッと思ったほうを選べばよい。

まだ決まらないの？

賛成か反対か、それが問題だ。
えーん、迷うよー。

レクチャー

展開の段落を作る。

第二段落では、問いと答え（結論）に続けて、答えの理由を書くことになるが、**ひとまず理由は飛ばす**ことにして、次の第三段落に進もう。

第三段落は**「定例経理《テーレーケーリ》」**を使って展開させる部分である。実際の小論文では「定例経理」の四種類すべてを使わなくてもよいが、練習の段階では**「定例経理」の四種類とも準備する**ことができれば言うことなしだ。それぞれ**段落の書き出し**（→ *p. 49*）にも注意して、下書きしてみよう。

とは言え、「定例経理」の四種類すべてを書くことは、決して容易ではない。だから、第二段落で決めた賛否いずれかの立場に縛られることなく、**賛成でも反対でもよいから、とにかく「定例経理」を探す**ようにして、何か見つかればそれを使って下書きするとよい。

その結果、もしも、第二段落で決めた賛否の立場に合う「定例経理」がなかなか見つからず、逆の立場の「定例経理」ばかりが集まったとすれば、第二段落で決めていた**賛否の立場を変更し、逆の立場をとる**ことで対応できる。

ワークE 【第三段落】

「定例経理《テーレーケーリ》」を使って内容を展開させよう。

解答

《定》 例 そもそも、遺伝子ビジネスとは何か。「ビジネス」という単語が用いられているのは、倫理観よりも利潤の追求を優先させていることの表れではないか。倫理観だけではビジネスとしての利潤は上がらないかもしれないが、かと言って、顧客が増えて利潤が上がれば倫理などは後回しでよい、と考えるのは間違っている。

ワークF 【第三段落】

ワークEで書いた「定《テー》例《レー》経《ケー》理《リ》」の中から、第三段落のメインにするものを決めておこう。

《例》例 たとえば、人間の医療の分野だけに限らず、遺伝子組換え作物なども遺伝子工学の成果である。これは、地球レベルで考えると、将来の人口増加にともなう食糧不足を回避できる可能性を持つ、人類の未来に不可欠な科学技術なのである。

《経》例 たとえば、私には、出生前診断で胎児に先天性異常があるとわかったいとこがいる。出産するかどうか夫婦で相当悩んだらしいが、結局、彼女は出産を選んだ。胎児の遺伝子に異常があるかどうかを調べる出生前診断は、産むか産まないかの「命の選別」に使われる危険があるのではないだろうか。

《理》例 そもそも、遺伝子検査の本来の目的は何か。それは、先天的にかかりやすい病気の早期発見と治療であったはずである。ところが、しっかりした倫理観がないまま、おなかの中の赤ちゃんが検査対象になると、「命の選別」が行われる危険がある。そしてその傾向は、検査結果の精度が低いのなら「ほとんど占い」ですむかもしれないが、精度が高まるほど、より強まるものと考えられる。

解答

例「理」をメインにする。

処方せん

「定例経理」の四種類の下書きのうち、いちばんよく書けたと思うものを、第三段落のメインにする。

ここにチューイ!!

★下書きで準備した複数の「定例経理」について、メインの一つを決めると同時に、他の候補の優先順も考えておく。

★第三段落は割り当てられる字数がけっこう多くなるから、「定例経理」はメインの一つ以外にも使う可能性を念頭に置いておく。

レクチャー

答えの理由を考える。

第二段落で問いと答え（結論）を作ったとき、答えの**理由**は手をつけず、後回しにした。第三段落に書く**「定《テー》例《レー》経《ケー》理《リ》」のメイン**が決まったところで、前に戻って、答えの理由を考えよう。

実は、次のように、**メインとなる「定例経理」の種類によって、理由の文が決まる**のである。

「定例経理」と理由の公式

第三段落のメイン	理由の文
定（＝定義）	なぜなら、「○○」の定義が間違っているからである。
例（＝実例）	なぜなら、次のような例があるからである。
経（＝経験）	なぜなら、次のような経験があるからである。
理（＝理想）	なぜなら、それは「理想的な△△」と大きく違うからである。

「定」か**「理」**をメインにした場合は、**○○や△△に適切な言葉を代入する。**

「例」か**「経」**をメインにした場合は、**公式をそのまま使う。**

ワークG ［第二段落］

ワークDの②で作った答えの理由を、ワークFで決めた「定例経理《テーレーケーリ》」のメインに合わせて書こう。

解答

《定》 例 なぜなら、「**遺伝子ビジネス**」の定義が間違っているからである。

《例》 例 なぜなら、次のような例があるからである。

《経》 例 なぜなら、次のような経験があるからである。

《理》 例 なぜなら、それは「**理想的な遺伝子検査**」と大きく違うからである。

処方せん 「定」「理」の場合の理由は、次の第三段落（展開）へスムーズにつながる言葉を補う。

レクチャー

答えをもう一度書く。

残るは、第二段落に書いた**答え（結論）**を、第四段落でもう一度書くことだけである。ただし、あいだに第三段落が入って第二段落と第四段落が遠くなってしまい、何についての賛成・反対だったのかがわかりにくくなっているかもしれない。そこで、**筆者の意見に軽くふれておく**とよい。

また、第三段落でとり上げる「定例経理《テーレーケーリ》」の内容に合わせて最初に決めた賛否の立場を変更した人は、**第二段落に書いた答えと第四段落に書く答えが一致しているか**、確認しておこう。

ワークH ［第四段落］

答えをもう一度書こう。

解答

例 したがって、遺伝子ビジネスが将来にわたって心配だとする筆者の考えに、私は賛成である。

レクチャー

通して読み、全体のバランスをチェックする。

これで下書きはほぼ完了した。全体を通して読んでみよう。構成は次のようになっているはずである。

《第一段落》	筆者の意見のまとめ ⬇	この文章で筆者は……
《第二段落》	問い ⬇	筆者の考えに賛成か、反対か。
	答え（結論） ⬇	私は、筆者の考えに……
	理由 ⬇	なぜなら……
《第三段落》	展開 ⬇	そもそも／たとえば……
	※複数ある場合 ⬇	また、そもそも／たとえば……
《第四段落》	もう一度答え（結論） ⬇	したがって、私は……

全体のバランスはだいじょうぶだろうか。気をつけるべき点は、次の二つである。

1 第一段落だけで、全体の四分の一を超えていないか。

⬇超えている場合は、「筆者の意見のまとめ」の分量が多すぎる。もっと短く抜き出したり、複数の意見の中からどれかを削ったりする。

2 第一段落と第二段落を合わせて、全体の四分の一以上になっているか。

⬇四分の一に満たない場合は、第一段落の「筆者の意見のまとめ」の分量が少なすぎる。
課題文から抜き出す部分がもう少しあるはずだ。

すべての用意ができたら、清書しよう。

ワーク

下書きをもとに、六〇〇字以内の小論文を原稿用紙に書こう。
今回は、横書きで書いてみよう。

解答

→p.114 解答見本を参照。

解答見本

最後に、完成した小論文の見本を示そう。赤い文字は特に注意が必要だ。

（改行のための空白も含めて、[20マス×29行]＋19マス＝599字）

横書きの原稿用紙でも、基本的な書き方は縦書きの場合と同じである（→*p.32*）。

第一段落（120字）——筆者の意見のまとめ

　この文章で筆者は、遺伝子ビジネスについて、科学的根拠や倫理の検討が十分か、心配がある、と言っている。また、今はお遊び程度だが、10年後はお遊びではすまないだろうから、いろいろと考えておくことが大切だ、とも述べている。

第二段落（80字）——問いと答え／理由

　筆者の考えに賛成か、反対か。私は、筆者の考えに賛成である。なぜなら、その遺伝子ビジネスが行う遺伝子検査のあり方は、「理想的な遺伝子検査」と大きく違うからである。

第三段落（320字）——展開1（「定例経理」の「理〔＝理想〕」）／展開2（「定例経理」の「定〔＝定義〕」）

　そもそも、遺伝子検査の本来の目的は何か。それは、先天的にかかりやすい病気の早期発見と治療であったはずである。ところが、しっかりした倫理観がないまま、おなかの中の赤ちゃんが検査対象になると、「この子どもは不要だ」という「命の選別」が行われる危険がある。そしてその傾向は、検査結果の精度が低いのなら「ほとんど占い」ですむかもしれないが、精度が高まるほど、より強まるものと考えられる。また、遺伝子ビジネスという言葉自体が、倫理観よりも利潤の追求を優先させていることの表れであると考える。倫理観だけではビジネスとしての利潤は上がらないかもしれないが、かと言って、顧客が増えて利潤が上がれば倫理などは後回しでよい、と考えるのは間違っている。

第四段落（80字）——答えをもう一度／字数に余裕があるので書き添えた

　したがって、遺伝子ビジネスが将来にわたって心配だとする筆者の考えに、私は賛成である。科学技術の発達には、必ず倫理観の確立が先行しなければならない、と考える。

合格小論文のための必修キーワード

これで合格

Stage4

item 12

キーワード相関図

入試小論文で話題になりそうな**看護医療系の基礎知識**を「キーワード集」の形でまとめておこう。入学前の受験生には、まだそれほど高度な専門知識は要求されない。本書では、看護医療系の志望者として最低限知っておいてほしい内容を厳選してあるので、読めば、無理なく理解して習得できるはずだ。

各キーワードの解説は、次の要素から構成されている。

❶ **キーワード＋意味**

❷ 

キーワードの理解を深める、くわしい説明。すべてを暗記する必要はないが、しっかり読んで、正しい知識を身につけよう。

❸ 

キーワードについて、特に気をつけておさえておくべきことがら。小論文を書くときのネタとしても役立てよう。

収録しているキーワードは全部で三四語。

次の相関図のように、関連の強い語をグループにまとめて配列している。

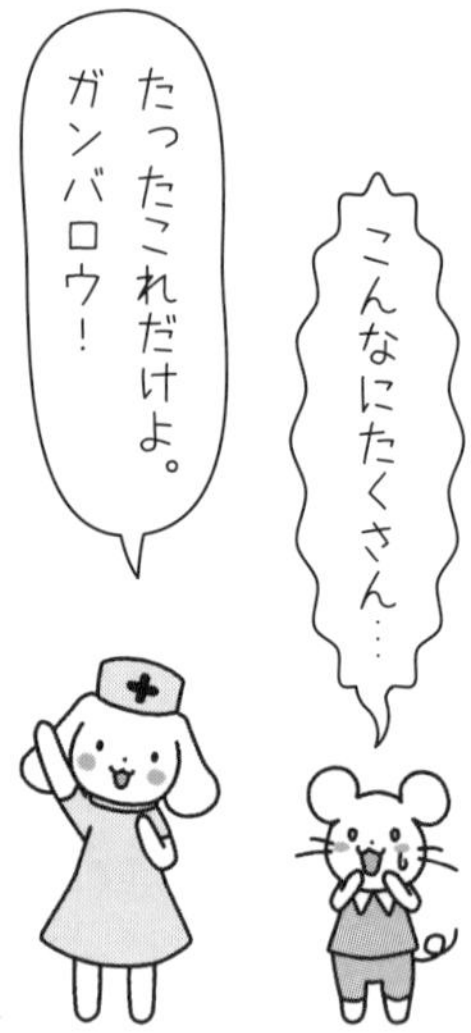

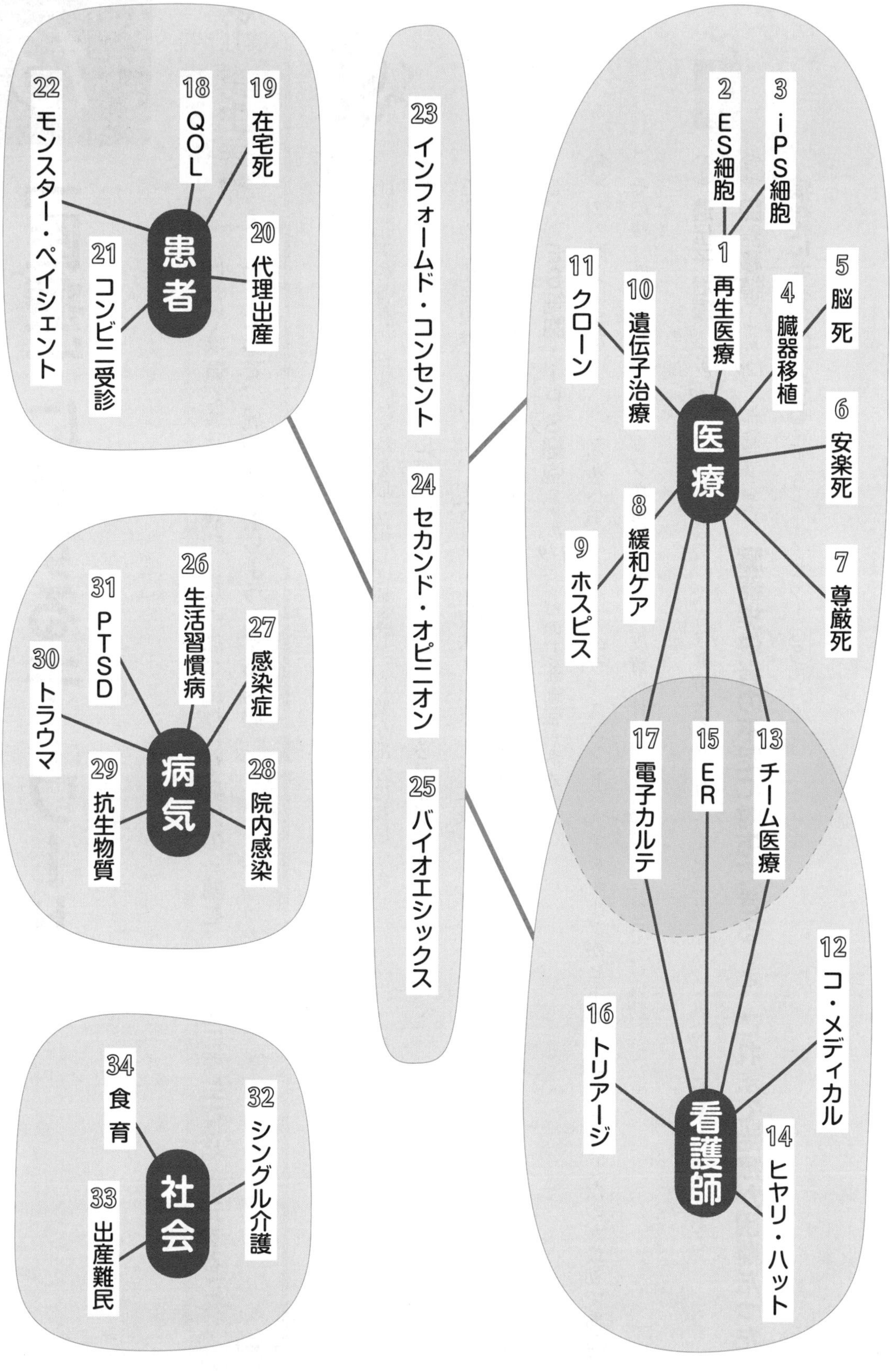
患者
18 QOL
19 在宅死
20 代理出産
21 コンビニ受診
22 モンスター・ペイシェント
病気
26 生活習慣病
27 感染症
28 院内感染
29 抗生物質
30 トラウマ
31 PTSD
社会
32 シングル介護
33 出産難民
34 食育
23 インフォームド・コンセント
24 セカンド・オピニオン
25 バイオエシックス
医療
1 再生医療
2 ES細胞
3 iPS細胞
4 臓器移植
5 脳死
6 安楽死
7 尊厳死
8 緩和ケア
9 ホスピス
10 遺伝子治療
11 クローン
13 チーム医療
15 ER
17 電子カルテ
看護師
12 コ・メディカル
14 ヒヤリ・ハット
16 トリアージ

item 13 「医療」に関するキーワード

けがや病気で失ったり機能しなくなったりした身体の一部を、人工的に再生させて復元することによって、機能を回復しようとする医療。

1 再生医療

くわしく

Ⅰ 大きく分けると、次の二つの方法がある。

(1) 患者の身体の健康な組織を取り出して培養し、必要な部分に移植する。

(2) さまざまな組織や臓器に変化できる細胞を作りだし、必要な部分に変化させていく。

近年の再生医療は(2)を指すが、(1)も有効な治療法として、すでに長い期間行われてきた。

Ⅱ (1)では、培養した皮膚による火傷の治療が有名で、血管や心筋などの再生も実用レベルである。(2)では、代表的な例として、**ES《イーエス》細胞・iPS《アイピーエス》細胞**(→ *p.119*)などの万能細胞がある。

Ⅲ (2)の歴史はまだ浅く、一九九八年にアメリカのウィスコンシン大学グループがヒトES細胞を開発したのが最初である。その後、欧米や日本のグループが研究を進め、皮膚・神経・血管などを作ることに成功している。

チューイ点

① **遺伝子治療**(→ *p.123*)の最先端として、大きな期待を寄せられている分野だが、それだけに競争も熾烈《しれつ》である。

② **臓器移植**(→ *p.120*)と比較すると、**臓器提供者の不足に対応できる**こと、**これまで治療が困難だった病気にも対応できる**ことなど、メリットは多い。

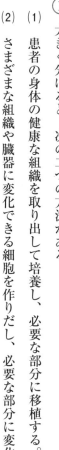

2 ES《イーエス》細胞

胚性幹細胞《はいせいかんさいぼう》。

くわしく

Ⅰ 受精卵の発生初期の胚から細胞を取り出して培養することによって作られる。

Ⅱ 一九八一年に初めて樹立され、一九九八年にはヒトES細胞の培養技術が開発された。

チューイ点

① 個体中のさまざまな組織に分化するため、あらゆる組織を作ることができる。

② **受精卵から作るため、生命を破壊してしまうという倫理上の問題がある。**

3 iPS《アイピーエス》細胞

人工多能性幹細胞《じんこうたのうせいかんさいぼう》。

くわしく

Ⅰ 体細胞に数種類の遺伝子を導入して培養することによって作られる。非常に多くの細胞に分化できる性質と、分裂増殖したあともそれを維持できる自己複製機能を持たせた細胞である。

Ⅱ 二〇〇六年、京都大学教授の山中伸弥《やまなかしんや》氏のグループが初めて作った。これにより、山中氏は二〇一二年のノーベル生理学・医学賞を受賞した(ジョン・ガードン氏と共同受賞)。

チューイ点

① **ES《イーエス》細胞**(↓前項)とは異なり、**体細胞から作って、さまざまな細胞に分化させることができるため、倫理上の問題がない。**

② 患者の体細胞から作ったiPS細胞を使って移植用の組織や細胞を作ると、ほとんど**拒絶反応が起こらない**とされる。

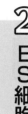

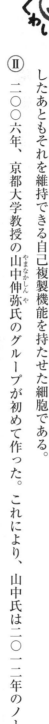

4 臓器移植

他人の臓器を移植することによって治療する方法。

くわしく

Ⅰ 臓器の移植方法には、⑴健康な人からの移植、⑵脳死（↓次項）の人からの移植、がある。

Ⅱ 患者にとって他人の臓器は異物だから、**拒絶反応**を起こす可能性がある。

Ⅲ 日本では、二〇一〇年に施行された「改正臓器移植法」によって、**本人の意思**、またはそれが不明な場合は**家族の承諾**で**臓器提供**が可能になる、とされている。

チューイ点

① 死生観・宗教観・社会通念など日本独特の問題が絡んで、**家族の承諾が得られない**ことがある。

② 外国での臓器移植手術を希望したり実行したりする場合、**費用などの面で負担が大きい**。

5 脳死

心臓は動いていても、脳のすべての機能が停止していて、再び回復する可能性がない状態。

くわしく

Ⅰ 従来の「死」は、呼吸の停止・心拍の停止・瞳孔の拡大、という三徴候による**心臓死**を指していた。

Ⅱ 日本では、**臓器提供**する場合に限って、脳死は「死」とされる。

Ⅲ 脳死の問題には、医学の進歩と、人工呼吸器などの生命維持装置の発達とが関わっている。

チューイ点

① 脳死状態の人の家族が脳死を「死」と受け入れがたいのも自然である。つまり、脳死の問題は、**「死とは何か」**という問題につながる。

6 安楽死

患者を苦痛から解放するために、積極的に死を早めて死なせること。

くわしく

Ⅰ 日本では、法律では認められていないが、安楽死を行うためには次の四つの条件をすべて満たす必要があるとされている。

(1) 耐えがたい**肉体的苦痛**がある。
(2) **死期**が迫っている。
(3) 苦痛から解放する手段が他にない。
(4) 患者の明白な**意思表示**がある。

Ⅱ 外国では、安楽死を合法とする国（スイス・オランダなど）や、州によって合法化しているアメリカ合衆国などがある。

チューイ点

① **現在の日本では、安楽死を認める方向には向かっていない。**

② 人間以外の動物に対しても、安楽死という考え方がある。

7 尊厳死

回復の見込みがなく、死が迫っている患者に対し、延命措置を行わず、自然な状態で死を迎えさせること。

くわしく

Ⅰ 「尊厳」とは「立派さ、価値あるもの」のこと。**生命維持装置**によって**延命措置**が行われている状態には「人間らしい価値」はなく、自然に死を迎えることこそ「人間らしい死」であるというわけである。

Ⅱ 元気なうちに、**リビング・ウィル**（＝延命措置を断る意思を表示した文書）を作っておくことが多い。

チューイ点

① **安楽死**（→前項）と異なるのは、**死を早めるのではなく、自然な状態で死を迎えさせる**点である。**自然死**と同じ意味だとも言われる。

⑧ 緩和ケア（緩和医療）

病気を治すことではなく、患者の苦痛を和らげることを目的に行う医療行為。

くわしく

Ⅰ 治癒を目指す治療が困難な病気にかかっている患者に対して、身体的・精神的な苦痛を和らげるために行われる。患者と家族の**QOL**《キューオーエル》（→ *p. 128*）を改善するための行為でもある。

Ⅱ 複数の専門職が**チーム**を組んで患者と家族をサポートする。専門チームを構成するのは、治療を行う専門医、精神科医、緩和ケアを専門に学んだ認定看護師、管理栄養士、薬剤師、理学療法士、作業療法士、臨床心理士などである。

チューイ点

① 病気の終末期に限らず、**早い段階から治療と平行して行われる。**

② 現在、日本で緩和ケアの診療報酬が認められているのは、がんとエイズである。

⑨ ホスピス

終末医療を行う医療施設。主として、緩和ケア施設。

くわしく

Ⅰ **終末医療**（＝死期が迫りつつある患者に対する医療。**ターミナル・ケア**）を専門に行う医療施設のことで、おもに**緩和ケア**（→前項）を施す。

Ⅱ 日本では、一九七三年に大阪府の病院内にホスピス専門の病床が設けられたのが最初である。一九八一年には静岡県で独立した病棟としてのホスピスが開設され、一九九三年には神奈川県で完全独立型のホスピス病院が設立された。

チューイ点

① 病院の他に、自宅で行う**在宅ホスピス**もある。

10 遺伝子治療

必要な遺伝子を組み込んだ細胞を患者の体内に入れる治療法。

くわしく

Ⅰ 遺伝子に欠損や異常がある細胞を患者から取り出し、それに正常な遺伝子を組み込んで患者の体内に戻すことによって病気を治す。一九九〇年にアメリカで始められ、日本では一九九五年に北海道大学医学部附属病院で成功した。

Ⅱ バイオテクノロジーの応用の一つで、受精卵の遺伝子診断や体外受精などと合わせて**先端医療**と総称されることがある。

チューイ点

① 遺伝子を直接扱うため、倫理面はもちろん、安全性や有効性の点でも議論が多い。

② 治療法が見つけにくかった疾病に対しても、新しい治療法として期待されている。

11 クローン

同一の起源を持ち、遺伝的に同一である生物の個体の集合。

くわしく

Ⅰ 語源は、ギリシア語の「小枝の集まり」である。

Ⅱ 単細胞生物の細胞分裂や、挿し木で増えた植物の個体など、自然界にもクローンは存在する。

Ⅲ 人工的な哺乳類のクローンは、一九九六年に生まれた**クローン羊「ドリー」**が最初である。

チューイ点

① 今後は**遺伝子治療**（↓前項）に活用されることが期待されているが、**悪用される危険性もある。**

② 日本では、二〇〇〇年に「ヒトに関するクローン技術等の規制に関する法律」が制定され、**クローン人間の作製を禁じている。**

item 14

「看護師」に関するキーワード

12 コ・メディカル

医師と協働して医療を行う医療従事者。

くわしく

Ⅰ「協働の」の意味の「コ(co-)」と、「医療の」の意味の「メディカル(medical)」から作られた和製英語である。

Ⅱ おもな職種は、看護師・保健師・助産師・臨床検査技師・診療放射線技師・理学療法士・作業療法士・言語聴覚士・視能訓練士・臨床工学技士・義肢装具士・救急救命士・歯科衛生士・歯科技工士・薬剤師、である。ただし、これらは定められたものではなく、場合によって異同が生じることがある。

Ⅲ 栄養士・管理栄養士・精神保健福祉士・社会福祉士・介護福祉士を含める考え方もある。また、看護師を含めない考え方もある。

チューイ点

① 医療は医師が単独で行うものではなく、**さまざまな専門職がそれぞれの専門性を生かしつつ連携して行う**ものだという意識にもとづいて、コ・メディカルという用語が広く使われるようになった。

② コ・メディカルは、⑴医師の指示の下で仕事をする職種(視能訓練士など)、⑵医師の指示を受けずに独立して仕事をする職種(臨床検査技師など)、の二つに分かれる。

13 チーム医療

一人の患者に、関係する複数の専門職がチームを組んで医療行為を行うこと。

くわしく

Ⅰ 厚生労働省は、二〇一〇年に「チーム医療の推進に関する検討会」の報告書「チーム医療の推進について」をまとめた。これを踏まえ、チーム医療を推進するための具体的方策の実現に向けて、同年「チーム医療推進会議」を立ち上げた。

チューイ点

① 従来の医療システムは、主治医が治療内容を決定して**コ・メディカル**(↓前項)に指示を与え、医療行為を行う、という医師を中心とした体制であった。一方、チーム医療は、**多種多様な職種の医療従事者が対等な立場から連携し、業務を分担しあって治療やケアにあたる**体制である。

② チーム医療が浸透してきた背景には、**医療の高度化と複雑化**がある。従来のように主治医一人だけで判断することが難しくなり、専門性を備えた各分野の専門職との協働が不可欠になってきたのである。

14 ヒヤリ・ハット

事故には至らなかったが、場合によって事故に直結したかもしれない事例。

くわしく

Ⅰ 語源は「ヒヤリとした+ハッとした」である。

Ⅱ 「一件の重大な事故の陰には、二九件の軽度の事故と、三〇〇件のヒヤリ・ハットが存在する」とされる(ハインリッヒの法則)。医療現場だけではなく、企業や労働の作業現場でも多用されている。

チューイ点

① **医療事故を未然に防ぐ**ためには、ヒヤリ・ハットに注目することが有効である。

15 ER《イーアール》

救命救急室、または、救急処置室。

Ⅰ 「Emergency Room」の頭文字を取った略語である。

Ⅱ 重症度などにかかわらず、すべての救急患者を受け入れて初期診療を提供する、**北米型救急システム**を指す。

くわしく

❶ 日本には、ERとの違いがまぎらわしい**救命救急センター**がある。救命救急センターでは、集中治療室への入院が必要な重症の救急患者を受け入れて、高度医療を提供する。

チューイ点

❷ ERと日本の救命救急センターは、具体的にはおもに次の点が異なる。

(1)
ERは、**どんな救急患者でも受け入れて**、初期診療を提供する。

救命救急センターは、**重症の救急患者を受け入れて**、高度医療を提供する。

(2)
ERは、患者に入院が必要な場合、担当科に振り分けて入院させる。ER専門医は、入院後の診療には関わらない。

救命救急センターは、担当医をそろえている。そのためセンターの数が限られる。

(3)
ERは、**トリアージナース**(=診療の優先度を判定する看護師)が配置され、優先度の高い患者から診療する。

救命救急センターは、患者に優先順位をつけることはない。ただし大事故などで患者があふれる場合は除く。

16 トリアージ

患者の緊急度にもとづいて治療・搬送の優先度を判定し、患者を選別すること。

くわしく

Ⅰ 災害時など一度に多数の負傷者が発生した場合、患者の治療・搬送の順位や搬送先を決める際に用いられる。

Ⅱ 判定結果は、優先度別に四段階に区分され、**トリアージタグ**（＝四種の色分けで優先度を示し、必要事項を簡潔に記して、患者の右手首に取り付けるカード）によって明示される。

チューイ点

① 医療スタッフ・医薬品などが限られているなかで、**一人でも多くの患者に効果的な治療を施し、救命の可能性が高い患者を確実に救う**ことを目指す。

17 電子カルテ

医師・歯科医師が、診療経過などをコンピューター上で記録すること。

くわしく

Ⅰ 診療記録を電子情報として一括編集・管理し、データベースに記録するのがねらいである。

Ⅱ 二〇〇一年に厚生労働省が医療機関への導入を打ち出したが、まだじゅうぶんには普及していない。

チューイ点

① カルテの電子化の**長所**としては、(1)紙のカルテと違って紛失する恐れが少なく、災害からもデータを守れる、(2)データの検索や抽出が容易にできる、(3)病院以外の場所でも利用でき、訪問診療時などに便利である、などが挙げられる。

② カルテの電子化の**短所**としては、(1)システムダウンが起こり、データが取り出せなくなる危険がある、(2)導入時に多額の費用がかかる、(3)不正アクセスなどによる情報漏洩《ろうえい》やデータ改竄《かいざん》の危険がある、などが挙げられる。

item 15 「患者」に関するキーワード

18 QOL《キューオーエル》

生活の質。

くわしく

Ⅰ 「Quality of Life」の頭文字を取った略語である。正式な訳語はまだないが、ふつう「生活の質」といわれる。

Ⅱ 医療の分野でQOLといえば、**医療行為によって向上する生活や人生のあり方**のことだと考えればよい。**生活の質の向上**は、患者の**精神的な安定**に結びつく。

Ⅲ QOLの考え方は、日本では一九八〇年代に導入された。

チューイ点

① QOLという語だけを単独で使うことは少ない。「**QOLの向上**」「**QOLを考慮した治療**」などと使われる。

② 医療従事者は、「とにかく病気を治せ」というレベルで考えるのではなく、患者の人生観や生きがいに寄り添い、患者のQOLを考慮して、「**どんな治療がこの患者にふさわしいか**」と考えるべきである。たとえば、回復の見込みがない病気の患者に対して、心身の苦痛を和らげる**緩和ケア**（→*p.122*）を行うことは、QOLを改善する行為である。

19 在宅死

住み慣れた自宅で治療や介護を受けながら生活し、家族に看取《みと》られて死を迎えること。

くわしく

Ⅰ 在宅死と対立するのは**病院死**である。日本では、戦前は在宅死が一般的であったが、戦後は病院死が増加し、現在、亡くなる人のうち在宅死の占める割合は一割程度まで減っている。

Ⅱ 在宅死が減ったおもな理由は、次の二つである。

(1) 医療技術が高度化し、死の直前に病院でしか行えない医療を受けることが多くなった。

(2) 核家族化が進行し、従来の家族が果たしてきた役割を果たせなくなった。

チューイ点

① 在宅死が大きく減っている一方、QOL《キューオーエル》(→前項)を高める観点から自分の最期を考えて、「延命措置を拒否したい」「住み慣れた自宅で死を迎えたい」と**在宅死を希望する人が増えてきている**。また、在宅死は、入院日数の短縮化による空きベッドの確保や医療費抑制という目標と合致するため、**国も在宅死を積極的に支援している**。

② 国は、在宅死を支援するために、在宅医療専門の施設や、地域の診療所、かかりつけ医との連携強化などを政府主体で進めている。

③ 誰にも知られないままひっそり死んでいく**孤独死**とは意味が異なる。在宅死は、病院ではなく自宅で治療を受けながら死を迎えたいという考え方にもとづくもので、**家族の見守りや医療機関との連携が大前提となる**。

20 代理出産（代理母出産）

夫婦が、妻以外の女性に自分たちの子どもを出産してもらい、生まれた子どもを引き取ること。

くわしく

Ⅰ 大きく分けると、次の二つがある。

(1) 夫婦の受精卵を代理母（＝妻に代わって出産する女性）に移植するケース。ホストマザーとよばれる方法。ふつう、代理出産といえば、このケースを指す。

(2) 夫の精子と代理母の卵子を人工授精させるケース。サロゲートマザーとよばれる方法。

Ⅱ 現在、日本国内では、代理出産は認められていない。二〇〇三年に厚生労働省が禁止を発表、二〇〇八年に日本学術会議が原則禁止を提言したからである。ただし、代理出産禁止の法制化には至っていない。

Ⅲ 海外では立法化されている国もあり、代理出産を禁止する国と許容する国に分かれている。禁止するのはドイツ・フランス・イタリア・スイスなど。許容するのはアメリカ・イギリス・カナダ・オーストラリア・ロシア・インド・ベトナムなど（完全許容と部分的許容がある）。

チューイ点

① 問題点はさまざまに指摘されているが、おもに次の四つに分けられる。

(1) 代理母の問題……**妊娠・出産による身体へのリスク**など。

(2) 法律上の問題……特にサロゲートマザーの場合、問題は複雑。

(3) 倫理・道徳上の問題……代理出産で生まれた子どもの精神的ケアや、子どもが出自を知る権利など。

(4) その他の問題……経済的な負担など。

② 外国に出かけて高額の費用を払ってでも代理出産を行いたい、と希望する不妊の夫婦は多い。

21 コンビニ受診

診療時間外の夜間・休日に、緊急性のない症状であるにもかかわらず救急外来を受診すること。

くわしく

Ⅰ 仕事や所用などのために日中の診療時間内に受診できないという理由から、安易に救急外来を利用する人が増えている。法律で医師は患者を拒否できないと定められているため、時間外に不適当な診察を求められても、医師は応じなければならない。

チューイ点

① コンビニ受診者が増えると、救急外来が本来受け入れるべき重症患者に対応できなくなったり、救急医の負担が重くなって過労につながったりする。

② 身勝手なコンビニ受診者ほど高度な診療を要求することが多い。それを断ると、**モンスター・ペイシェント**(↓次項)と化す場合もある。

22 モンスター・ペイシェント

医療機関・医療従事者に理不尽な要求を突きつけ、暴言を吐いたり暴力に訴えたりする、モラルのない患者とその家族。

くわしく

Ⅰ 「怪物(monster)+患者(patient)」の和製英語である。

Ⅱ 学校に現れる**モンスター・ペアレント**(=学校や教職員に理不尽な要求をする保護者)の病院版である。患者の権利意識の高まりとともに横行しはじめ、医療従事者の心労、他の患者の迷惑など、各方面へ悪影響を及ぼしている。

チューイ点

① マニュアルの作成、警察への相談、転院など、深刻化する問題への対応が試みられている。一方、**患者の言いぶんをよく聴き、コミュニケーションをしっかり図る**ことが有効な対策だと言われる。

item 16

「医療」と「患者」をつなぐキーワード

23 インフォームド・コンセント

治療方針について医師からの十分な説明を受けて理解したうえで、患者が同意・拒否・選択すること。

くわしく

Ⅰ 手術・投薬・検査などの医療行為に際して、医師が患者に治療方針を納得いくまでわかりやすく説明し、患者が理解したうえで同意または拒否、あるいは治療方法を選択する、という考え方である。

Ⅱ 医師が説明するおもな内容は、(1)病状、(2)検査内容・目的、(3)治療の危険性・成功率、(4)他の治療法、(5)治療を拒否した場合の対応、などである。

Ⅲ 人権思想とその法的処理をもとに、欧米で始まったものである。

チューイ点

① 治療法の説明には、**病名の告知の問題が絡んでくる。**たとえば、自分が末期のがん患者であるならば病名を告知してほしくないと考える人は少なからず存在するが、病名を知らせない(または病名を偽る)こととインフォームド・コンセントの考え方は、対立する。したがって、病気によって、説明方法などに特別な配慮が必要になることがある。

② 日本の「医療法」には「……医療の担い手は、医療を提供するに当たり、適切な説明を行い、医療を受ける者の理解を得るよう努めなければならない」とあり、**インフォームド・コンセントは義務ではなく、努力目標である。**

24 セカンド・オピニオン

主治医以外の医師に求める意見。第二の意見。

くわしく

Ⅰ セカンド・オピニオンを受けたい患者は、現在かかっている医療機関から**診療情報提供書**(=診療記録に検査データ・X線写真などを添付した書類)を作成してもらって受け取り、セカンド・オピニオンを希望する医療機関にそれを示す必要がある。したがって、主治医に無断で他の医師に相談することは、セカンド・オピニオンにあたらない。

チューイ点

① 日本でセカンド・オピニオンの動きがあったのは、二一世紀になってからである。

② セカンド・オピニオンを求めるのは、手術や治療方法で選択を迫られたり迷ったりしたときの行動の一つである。その意味で、**インフォームド・コンセント**(→前項)**の典型的な活用例**の一つである。

25 バイオエシックス

直訳すると、生命倫理。医療以外の分野の視点も踏まえて、生と死や医療方法について考察すること。

くわしく

Ⅰ 「生命(bio)」と「倫理・道徳(ethics)」の複合語で、一九七〇年代から使われ始めた。

Ⅱ 人間の生死に直結するときに顕著に表れる。たとえば、**脳死**(→*p.120*)では、「死とは何か」という定義が医学の立場から示されると、宗教・哲学の立場からも議論に加わり、死に関する問題が複合的視点で考えられるようになった。

チューイ点

① 具体的には、(1)生命に関わる問題(人工授精・代理出産など)、(2)死に関わる問題(脳死・安楽死など)、(3)遺伝子に関わる問題(遺伝子治療・クローン人間など)、が典型的な対象である。

item 17

「病気」に関するキーワード

26 生活習慣病

食事・運動不足・ストレス・喫煙・飲酒などの生活習慣が原因で発症すると考えられる病気の総称。

くわしく

Ⅰ かつては**成人病**とよばれていた。特に**脳卒中・がん・心臓病**は、**三大成人病**といわれた。

Ⅱ その後の研究で原因の大半が長年の生活習慣にあるとわかったこと、また、若年層にも成人病が見られることなどから、一九九六年に名称が「成人病」から「生活習慣病」に改められた。ただし、「成人病センター」や保険の「成人病特約」など、「成人病」という名称がまだ使われている分野もある。

Ⅲ おもな病気には、脳卒中・がん・心臓病の他に、糖尿病・高脂血症《こうしけっしょう》・高血圧などがあり、それに伴う心疾患・脳血管疾患なども含まれる。

チューイ点

① **早期発見・早期治療**が大切なので、**定期健康診断**が効果的である。

② 予防としては、⑴適切な食生活、⑵適度な運動、⑶規則正しい睡眠、⑷肥満の防止、⑸ストレス解消、⑹禁煙・禁酒など、**生活習慣を改善する**ことが重要である。

③ **若年層でも生活習慣病が増えてきている。**子どもの頃から正しい生活習慣を身につけ、健康管理を徹底することが求められる。

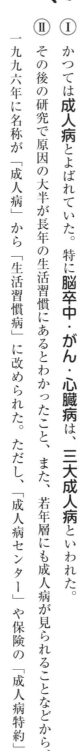

27 感染症

病原体が体内に侵入することによって起こる病気の総称。

くわしく

Ⅰ 人から人へ伝染する**伝染病**と、伝染しないものとがある。伝染病には赤痢《せきり》・インフルエンザなどがある。

Ⅱ 一九世紀以降、微生物研究が進み、多くの感染症の**病原体**（＝病気を起こす細菌・ウイルスなどの微生物）が特定された。その結果、**予防接種**や**抗生物質**（↓*p.136*）が発達・普及し、とりわけ伝染病の患者が激減した。

チューイ点

① 現代は航空機の発達もあり、**特定の地域で発生した感染症が世界的に流行する**危険性がある。**エイズ**はその典型例である。ＷＨＯ（＝世界保健機関）は、新たな感染症の発生状況を日常的に監視している。

② 感染症対策の基本は、⑴予防接種、⑵抗生物質、⑶環境改善、などである。

28 院内感染

医療施設の中で感染症にかかること。

くわしく

Ⅰ おもな原因は**抗生物質**（↓*p.136*）**の多用**である。抗生物質への耐性を持つようになった菌による院内感染が、多く報告されている。

Ⅱ 感染経路は、⑴その病気の患者を介する場合、⑵医療従事者や面会人を介する場合、⑶血液や器具などを介する場合、などさまざまである。

チューイ点

① 病気を治すはずの病院で、入院の原因となった病気とは別の新たな病気にかかるわけだから、明らかに**医療上のミスである**と言える。

29 抗生物質

微生物によって作られる物質で、他の微生物などの発育・機能を阻害する特性がある。

くわしく

Ⅰ 最初の抗生物質はペニシリンで、一九二八年にフレミングが発見した。その後、自然界に存在する抗生物質が次々と発見され、医薬品として用いられている。

Ⅱ 天然の抗生物質の作用を化学的に強めたものや、人工的に合成されたものもある。

Ⅲ 肺炎・結核・気管支炎など、細菌によって起こる病気に驚異的な効果をあげ、平均寿命を大幅に延ばすこととなった。

チューイ点

① 効果を頼って多量に使った結果、**菌が耐性を持つ**ように変化してきた。そのため抗生物質が効かなくなったり、有効な抗生物質のない新たな感染症が発生したりする問題が出てきている。

30 トラウマ

強い衝撃を体験したあと、長期間それにとらわれ、よくない影響が残っている状態。心的外傷。心の傷。

くわしく

Ⅰ 予測や制御ができず、暴力的・残虐で、身の危険を感じるほどの出来事が原因となって、引き起こされる。具体的には、たとえば、**自然災害・事故・犯罪・戦争・虐待・いじめ、大切な人や物の突然の喪失**、などが原因として挙げられる。

チューイ点

① Ⅰにあてはまらないもの、たとえば離婚・家族の病死・失業などが原因となって起こるストレスは、医学的にはトラウマとよばない。

② しかし、トラウマという語は、日常生活の中で本来の用法を超えて比較的安易に使われている。

31 PTSD《ピーティーエスディー》

心的外傷後ストレス障害。

くわしく

Ⅰ 大きな**トラウマ**（→前項）を負ったあとに起こる**精神障害**を指す。もとは「Post-Traumatic Stress Disorder」である。

Ⅱ 具体的な症状としては、⑴フラッシュバック（＝原因となった出来事を何度も思い出して不安になること）、⑵睡眠障害、⑶孤立感、⑷恐怖・不安感、などがあり、これらが一か月以上も続く。

Ⅲ ＰＴＳＤの研究は一九世紀後半から始められ、特に二〇世紀では戦争体験にもとづく研究が盛んになった。その後、災害の被災者や犯罪の被害者にも同様の症状が見られることから、この語が一般的に使用されるようになった。日本では、一九九五年の阪神淡路大震災をきっかけとして広く知られるようになった。

チューイ点

① 治療は、薬物療法と心理療法を並行して行われる。

② 効果的な治療法の一例として、カウンセラーとの会話を通じてストレスを徐々に解消していく**トークセラピー**がある。

item 18 「社会」に関するキーワード

32 シングル介護

高齢の親を子が一人で介護すること。

くわしく

Ⅰ ここでいうシングルとは、「介護者が一人だけ」という意味で、未婚または離婚により子が独身で、ともに介護するきょうだいもいないことを表す。したがって、シングル介護の問題は、**少子高齢化・非婚晩婚化・離婚率増加**といったことすべての影響を受けていて、**現代社会の縮図**のような問題である。

Ⅱ 両親のうち一方の親がもう一方の親を介護する**老老介護**を経て、両親のどちらかが死亡したあと、残った親をその子である独身者が一人で介護する、というケースが多い。

チューイ点

① 最も大きな問題は、**経済的困窮**であろう。必要となる介護の程度にもよるが、一般に、介護者である子は、以前と同じように自分の仕事のための時間を取ることが難しくなる。介護のために異動や転職をすれば、収入が減ることが多い。また、仕事を辞めると、収入源が親の年金のみとなり、退職金を食いつぶしたり、生活保護を受けたりしなければならない事態となるのである。しかし、現在のところ、介護者の収入が減少したり無収入になったりすることに対する公的な保険は存在しない。

② 経済的困窮の他、介護者である子は、たった一人で介護や家事全般を行うため、**肉体的疲労**や**精神的・社会的孤立**など、相当の重荷を背負ってしまう。

33 出産難民

医療施設での出産を希望してもかなわず、出産する場を確保できない妊婦の境遇。

くわしく

Ⅰ 医療施設に出産入院を申し込んだものの予約が定員に達していて断られたり、出産を希望する地域に適当な医療施設がなかったりして、産み場をなくした妊婦を、行き場をなくした難民にたとえた表現である。

チューイ点

① 背景には、次のような原因による、病院・診療所・助産所などの**出産施設と産科医の減少**がある。

(1) 産科医の勤務は過酷である。出産は時を選ばないので、休日も含めて二四時間いつでも対応しなければならない。

(2) 産科は他の診療科より医療訴訟率が高く、その賠償額も高額である。

34 食育

食に関する知識と食を選択する力を習得し、健全な食生活を実践するための教育。

くわしく

Ⅰ 二〇〇五年に**「食育基本法」**が成立した。その中で「国民が生涯にわたって健全な心身を培い、豊かな人間性をはぐくむための食育を推進することが緊要な課題となっている」(第一章第一条)と指摘されている。

Ⅱ また、「食育基本法」において、食育は「生きる上での基本であって、知育、徳育及び体育の基礎となるべきもの」(前文)と位置づけられている。

チューイ点

① 食生活、食文化、食料の生産と消費など、広い視野に立つ教育である。医療の面でも、**生活習慣病の予防**などと関連づけられる。

チェックの解答

答えの中の赤い部分は特に要注意。

item 1 文章の書き方

1のチェック
▼p.10

ⓐ お金がなくても、どうということはない。

＊「どうってこと」は話し言葉。

ⓑ コーヒーには、砂糖は入れずにミルクを入れて飲むのが好きです。

＊「とか」は、「砂糖とかミルクとかを入れる」のように、いくつかのものを並列して示すときに使う。ここでは「ミルク」だけを示しているので、「を」がよい。

ⓒ 今日、アルバイトは休みなので、買い物に行こう。

＊「バイト」は略語。

ⓓ 電車がいつも以上に混んでいたので、たいへん疲れた。

＊「〜してた」は正しくは「〜していた」。また「めっちゃ」は「めちゃくちゃ」の略語で、書き言葉としては「たいへん」「とても」「非常に」がよい。

2のチェック
▼p.11

虹は、赤から紫までの光が円弧状に並んで帯のような形で現れる大気現象だ。太陽の光が空気中の水滴によって屈折するとき、水滴がプリズムの役割を果たし、光が分解されて複数色の帯のように見えるものが虹なのだ。大空をまたぐ雄大なスケールのものもあるが、水しぶきをあげる滝や、太陽を背にしてホースで水をまくときなどにも見られる。虹の色を何色と数えるかは、地域・民族・時代によってさまざまである。現在の日本では、ふつう七色だが、これはニュートンの虹の研究にもとづくものだ。現在のアメリカでは一般に六色とされている。また、中国では古くは五色とされていたようだ。

＊文末ばかりでなく、下に「が」が付いている部分も見逃さないこと。また、たとえば第一文の末尾は「大気現象である」としてもよい。一般に、「だ」と「である」はどちらを使ってもよい場合が多い。

3のチェック
▼p.13

ⓐ ほど　ⓑ もの　ⓒ ため

＊ⓐは副助詞。ⓑは形式名詞。この「もの」は「形のある物体」の意味ではないので、漢字で「物」と書かない。ⓒも形式名詞。

✓4のチェック

▼p.15

(1) ⓐ しょうじょ ⓑ ひっし ⓒ ねえさん ⓓ おうたい
ⓔ おおきい ⓕ ひとどおり ⓖ こおる ⓗ ふくじ
ⓘ みぢか ⓙ いちにちじゅう ⓚ ずめん ⓛ こづつみ

(2) ⓐ とおく・引っ越す・いう・ちかぢか
ⓑ つづられた・さえ・わかりづらい・どうしても

✓5のチェック

▼p.18

(1) 明日のスポーツ大会は、雨が降りそうなので延期になるかもしれない。明日の朝に電話で連絡をするので、朝早めにスポーツ大会と授業の両方の用意をして待機していてほしい。このことを家の人にも伝えておいてください。

＊「～ので」という理由を表す部分は、一つの文に一つだけにするとよい。また、三つめの文には、「このことを」と前の内容を受ける言葉を補う。

(2) この事件の犯人には、次の五つの特徴があると考えられる。
一、三十代の男性である。
二、血液型はA型である。
三、左利きである。
四、大型バイクの運転ができる。
五、非常に慎重で計画的に行動する性格である。

✓6のチェック

▼p.20

(1) ⓐ 助からなかった
ⓑ きれいだから 別解 きれいなので

＊ⓐの副助詞「しか」は、打消「～ない」と対応する。ⓑは、逆接「～けれども」では文の意味が通らないので、順接「～から」「～ので」でつなげる。

(2) ⓐ 休日には、妹は本を読み、私は音楽を聴いています。
ⓑ 夏休みには、昼寝をしたり泳ぎに行ったりして、何も勉強しなかった。

＊ⓐは「本を」に対応する動詞「読む」が必要になる。ⓑは「昼寝をする」と「泳ぎに行く」が並列になっているので「～たり～たり」の形を用いる。あとの「たり」が略されていると、バランスが悪い。

✓7のチェック

▼p.21

ⓐ 亡くなった父のいとこが先月帰国した。
ⓑ 病床にいるB子さんにA君はドイツで手紙を書いた。
ⓒ 10に30の半分を足すといくつになりますか。

＊ⓐ・ⓑは、修飾語と被修飾語をできるだけ近づけることで解決する。ⓐは「先月→帰国した」、ⓑは「ドイツで→(手紙を)書いた」。ⓒは、「半分」が「30」の半分なのか「10＋30」の半分なのかが曖昧になっている。答えが25になるのは、10に30の半分(＝15)を足したものである。

item 2

原稿用紙の使い方

①のチェック

▼p.23

ウ

②のチェック

▼p.24

九五字

＊一行のマス目の数が二〇、最終行を除く行数が四、最終行で埋めたマス目の数が一五である。したがって、二〇×四＋一五＝九五。最終行で五マス余っているので、二〇×五－五＝九五、と計算してもよい。

③のチェック

▼p.25

　スポーツは、人間のからだと心を鍛えるも
のである。結果や記録も大切であるが、目標
に向かって自分を磨いていくことが、人間を
大きく成長させる。だから、一流のアスリー
トは人間としても一流なのである。

④〜⑦のチェック

▼p.28

(1)

　わたしが会議室に到着したとき、ほとんど
の参加者はすでに着席していた。議長がマイ
クのスイッチを入れて、
「では、ただ今から会議を始めます」。
と宣言し、会議は時間どおりに開始された。

(2)

　谷川の向こうにある村に行くためには、橋
を渡らなければならない。その橋というのは、
細くて古い橋だった。しかし、案内人が、
「それ以外の橋はない」。
と言うので、どうしてもそれを渡らなければ
ならない。そこで、私たちは、ゴーゴーと流
れる川を横目で見ながら、一人ずつゆっくり
と渡ることにした。

＊原則として「いう」は、「声に出して言葉を発する」「発言する」の意味の場合は漢字で「言う」と書く、と覚えておけばよい。

⑧のチェック

▼p.30

ⓐ iPS細胞　ⓑ Noと言える勇気

ⓒ 時速四キロメートル

＊縦書きの場合は漢数字を使う。

⑨のチェック

▼p.31

ⓐ なぜだろう。その答えはまだわからない。

ⓑ まさか、そんなはずはあるまい。

item 3 続・原稿用紙の使い方

✓10〜12のチェック
▶p.35

(1)

	男	が	山	の	中	を	歩	い	て	い	る	と	、	向	こ	う	か	ら	大
き	な	動	物	が	や	っ	て	き	た	。	男	は	驚	い	て	、			
「	い	っ	た	い	何	だ	。」												
と	思	い	つ	つ	、	と	に	か	く	岩	の	後	ろ	に	身	を	隠	し	た。
や	っ	て	き	た	の	は	、	1	頭	の	ク	マ	で	あ	っ	た	。	こ	ん
な	大	き	な	ク	マ	を	、	今	ま	で	男	は	見	た	こ	と	が	な	か
っ	た	。																	

(2)

	「	老	老	介	護	」	と	は	、	「	老	人	が	老	人	を	介	護	す
る	」	と	い	う	意	味	か	ら	作	ら	れ	た	こ	と	ば	で	、	高	齢
者	の	介	護	者	も	ま	た	高	齢	者	で	あ	る	こ	と	を	表	し	て
い	る	。	た	と	え	ば	、	6	0	歳	代	の	介	護	者	は	、	介	護
者	全	体	の	3	0	パ	ー	セ	ン	ト	を	超	す	。					
	介	護	は	そ	の	家	族	だ	け	の	問	題	な	の	だ	と	考	え	ず、
社	会	全	体	で	考	え	る	必	要	が	あ	る	。						

＊「%」の記号は、カタカナで「パーセント」と書く。

item 11 基本形を変形して書くタイプ㈡

✓4のチェック
▶p.101

(1)
例 母親の過剰な「思いやり」は、結局、子どもの自発性を奪ってしまう。
別解 母親の過剰な親切は、結局、子どもの自発性を奪い、子どもを着せ替え人形にしてしまう。
＊ロボット的な子どもを嘆く幼稚園の先生の話(第一段落)、ロボット的な子どもの特徴とその原因(第二段落)、と事実を具体的に述べていき、最後の二文で筆者の考えを述べている。

(2)
1＝近い　2＝向き合う
＊「雑談」の数値に注目する。いちばん好まれる位置は、数値の高い②である。

(3)
1＝語学力　2＝業界に関する専門知識　3＝主体性　4＝粘り強さ
5＝例 ギャップ　別解 ずれ／差／隔たり
＊「学生」の数値と「企業」の数値のそれぞれについて、上位二つの項目に注目すればよい。

Profile

著者紹介

村本 正紀 (むらもと まさき)

1959年、京都府生まれ。
公立大学卒業後、公立高校の国語科教師となる。
高校教師を続けながら、大学院博士前期課程を修了。
大学の非常勤講師を兼務し、日本語表現に関する研究・講義を行う。
高校では、長く進路指導に携わり、小論文・面接対策を担当。
とりわけ看護医療系の入試に強く、
詳細な出題分析にもとづく講座により、多数の生徒を合格へと導く。
現在は、私立大学特任講師。

カバーデザイン　はにいろデザイン
紙面デザイン　福永重孝　はにいろデザイン
ひらがな字形　山腰美津子
イラスト　江村文代

シグマベスト

看護医療系の小論文

編著者　村本正紀
発行者　益井英郎
印刷所　中村印刷株式会社
発行所　株式会社　文英堂
〒601-8121　京都市南区上鳥羽大物町28
〒162-0832　東京都新宿区岩戸町17
(代表)03-3269-4231

●落丁・乱丁はおとりかえします。

ΣBEST シグマベスト

専門学校受験

看護医療系の小論文

これで合格

小論文練習帖

文英堂

Contents

item 6

小論文の基本形

ワークタイム1

本冊 p.46

基本形に従って実際に書く練習をしよう。まずは、第一段落の下書きにあたる作業だ。出題内容に合わせて、自分で問いと答え(結論)を作ってみよう。

ワークA ［第一段落］

出題…今まででいちばん印象に残っている先生

① 問いを作ろう。

② 答えを作ろう。

①

②

ワークB　[第一段落]

出題…臓器移植治療について

① 問いを作ろう。

② 答えを作ろう。

①

②

ワークC　[第一段落]

出題…商業捕鯨の禁止について、あなたはどう考えますか。

① 問いを作ろう。

② 答えを作ろう。

①

②

ワークタイム2

本冊 *p.50*

ワークB（→別冊 *p.3*）で作った第一段落（問いと答え）の続きを書いてみよう。第二段落（理由）と第三段落（展開）の下書きにあたる作業だ。

ワークD ［第二段落］

ワークBの②で作った答えの理由を書こう。

ワークE ［第三段落］

① ワークDをうけて、展開させよう。

② ①とは異なる種類を使って展開させよう。

① 使う種類に○：定・例・経・理

②使う種類に○：定・例・経・理

ワークタイム3

本冊 p.53

いよいよ原稿用紙に清書しよう。

ワークF

ワークB および ワークD・ワークE で書いた第一～第三段落に、さらに第四段落を加えて、四〇〇字以内の小論文を原稿用紙に書こう。

全体の1/4(100字)

100

200

300

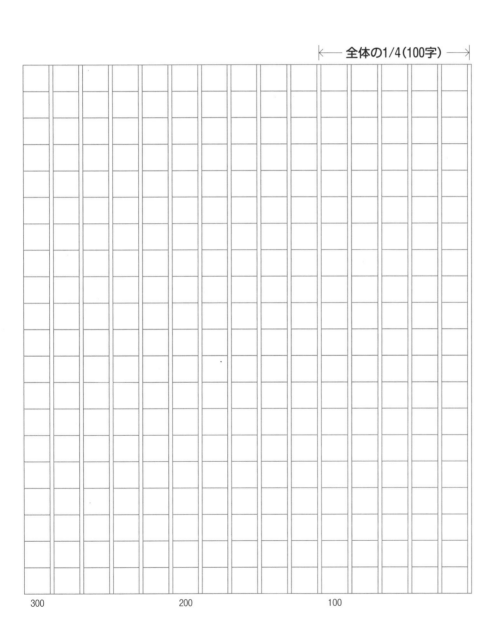

400

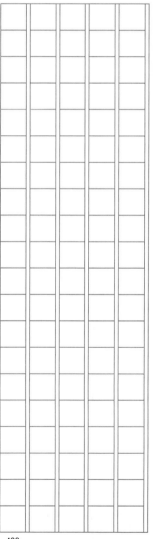

基本形どおりに書くタイプ

ワークタイム

本冊 p.64

基本形がそのまま使える三種類のケースについて、第一段落（問いと答え）を書いてみよう。ワークA は直接疑問文の形、ワークB は単語を一つ示す形、ワークC はテーマを一つ示す形での出題だ。

ワークA ［第一段落］

① 出題…動物園にいる動物は幸せか。あなたの考えを述べなさい。

② 出題…患者がセカンド・オピニオンを希望したとき、あなたならどう対処しますか。

① 《問い》

《答え》

② 《問い》

《答え》

ワークB

［第一段落］

① 出題…好きな花

② 出題…未来

①

《問い》

《答え》

②

《問い》

《答え》

ワークC

［第一段落］

① 出題…「四季」をテーマにして、あなたの考えを述べなさい。

② 出題…「高齢化社会に関する私の提案」というテーマで、あなたの考えを述べなさい。

①

《問い》

《答え》

②

《問い》

《答え》

item 9

基本形にひと工夫加えて書くタイプ

ワークタイム

本冊 *p.* 72

基本形にひと工夫加えて書くタイプの小論文を一つ作成してみよう。とり上げるのは、単語を二つ示す形で出題されるケースだ。順を追って書いていくから、何もおそれることはない。

例題

「資質と意欲」について、あなたの考えを六〇〇字以内で述べなさい。

ワークA ［第一段落］

① 問いを作ろう。
② 答えを作ろう。

①

②

ワークB ［第二段落］

ワークAの②で作った答えの理由を、例または経験を用いて書こう。

ワークC ［第三段落］

「定例経理《テーレーケーリ》」の「定（＝定義）」または「理（＝理想）」を使って、内容を展開させよう。

ワークD

ワークA～ワークCで書いた第一～第三段落に、さらに第四段落を加えて、六〇〇字以内の小論文を原稿用紙に書こう。

300　200　100

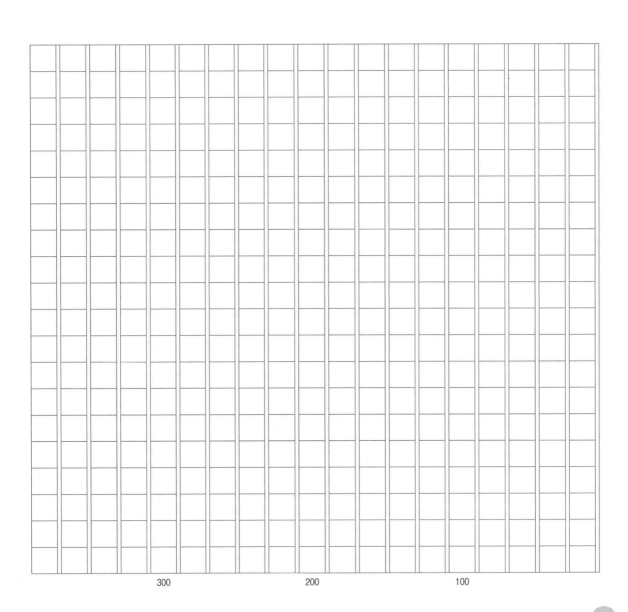

600

500

400

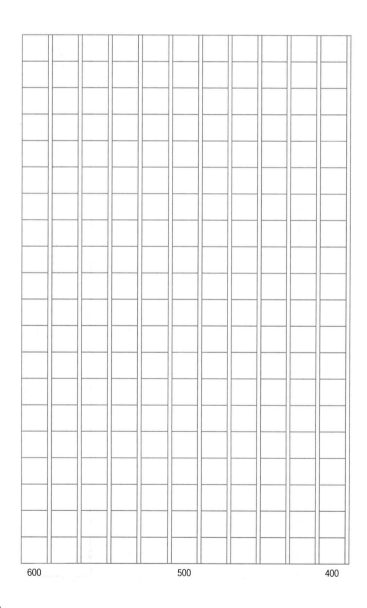

item 10 基本形を変形して書くタイプ(一)——譲歩節《じょうほせつ》を加える方法

ワークタイム1

本冊 p.80

基本形に譲歩節《じょうほせつ》を加えるタイプの小論文を一つ作成してみよう。とり上げるのは、賛否どちらの立場もありうるケースだ。要所要所でレクチャーを受けながら、丁寧に作業を進めよう。

例題

商業捕鯨の禁止について、あなたはどう考えますか。六〇〇字以内で述べなさい。

ワークA

[第一段落]

① 問いを作ろう。
② 答えを作ろう。

①

②

ワークB ［第一段落］

ワークAの②で作った答えの理由を書こう。

ワークC

賛成・反対それぞれの論拠を、表の形で箇条書きしよう。

商業捕鯨の禁止に賛成	
● 人間が鯨を絶滅させてはいけない。 ●	

商業捕鯨の禁止に反対	
● 鯨を食べるのはしかたがない。 ●	

ワークD ［第二段落 第三段落］

「定例経理《テーレーケーリ》」を使って内容を展開させよう。

ワークE ［第二段落 第三段落］

① 譲歩文を書こう。

② 反論を書こう。

①

確かに、

②

しかし、

ワークF　［第四段落］

最初に書いた答えをもう一度書いて、小論文の結論としよう。

ワークG　［第一段落］

必要ならば、理由を書き直そう。

ワークH

下書きをもとに、六〇〇字以内の小論文を原稿用紙に書こう。

200字　100字

300　200　100

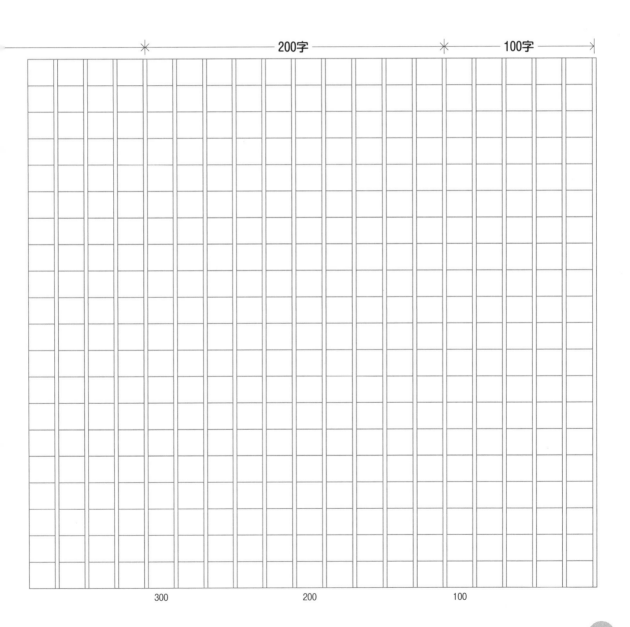

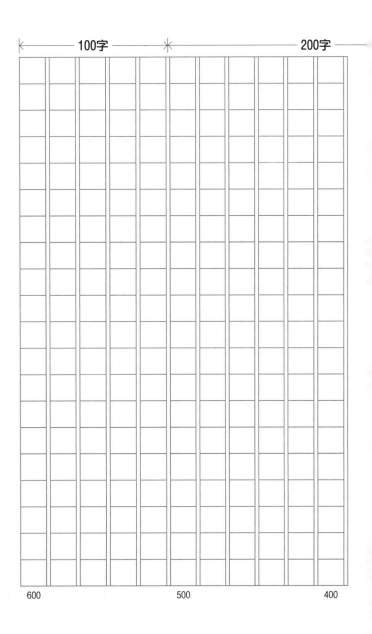

100字

200字

600

500

400

ワークタイム2

本冊 p.88

譲歩節《じょうほせつ》を加えた小論文が一つ書けたところで、もう一つ取り組んでみよう。一つめの小論文と同じ問題で、こんどは逆の立場から書いてみるのである。物事を両面から考えることはとても大切なことであるし、小論文のよいトレーニングにもなる。

例題 **商業捕鯨の禁止**について、あなたはどう考えますか。六〇〇字以内で述べなさい。

ワークa ［第一段落］

① 問いを作ろう。
② 答えを作ろう。

①

②

ワークb ［第一段落］

ワークaの②で作った答えの理由を書こう。

ワークc

賛成・反対それぞれの論拠を、表の形で箇条書きしよう。

▼スキップしよう。
一つめの小論文の ワークc （↓別冊 *p.15*）で書いた「賛成・反対の論拠一覧表」を利用すればよい。

ワークd 〔第二段落〕〔第三段落〕

「定例経理《テーレーケーリ》」を使って内容を展開させよう。

ワークe 〔第二段落〕〔第三段落〕

① 譲歩文を書こう。
② 反論を書こう。

①
確かに、

②
しかし、

ワークf　［第四段落］

最初に書いた答えをもう一度書いて、小論文の結論としよう。

ワークg　［第一段落］

ワークb が未完成だった人は、理由を考えて書こう。

ワークh

下書きをもとに、六〇〇字以内の小論文を原稿用紙に書こう。

200字　100字

200　100

100字 200字

600 500 400 300

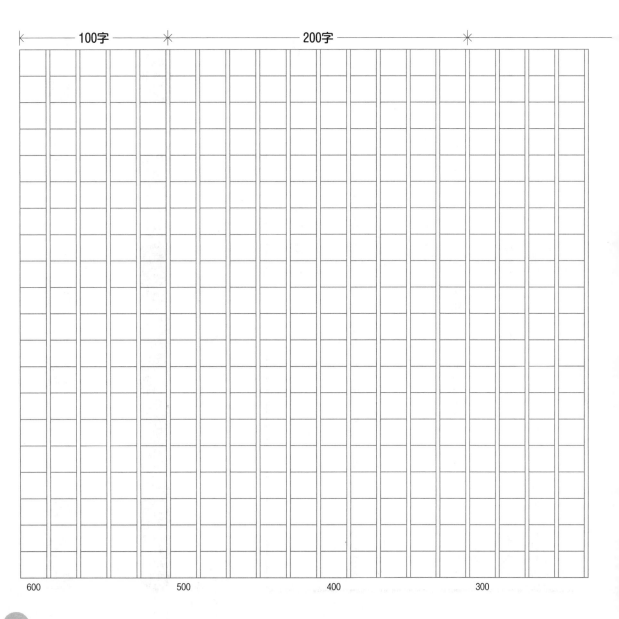

item 11 基本形を変形して書くタイプ㈡ ――課題文や資料のまとめを加える方法

ワークタイム

本冊 p.104

基本形にまとめを加えるタイプの小論文を一つ作成してみよう。とり上げるのは、課題文を示す形で出題されるケースだ。レクチャーを受けて作業内容を確認しながら進めよう。

例題

次の文章を読んで、あなたの考えを六〇〇字以内でまとめなさい。

米国の遺伝子検査会社「23andMe」は、この分野の草分けだ。日本語なら、さしずめ「23対の染色体と私」。DNAを分析し、体質や発病しやすさ、祖先の情報など約250項目について教えてくれる。経営者の夫はグーグルの創業者。99ドルの低価格戦略でも話題を呼んだベンチャー企業だ。

利用者は専用の容器に唾液を入れて送る。結果はパスワードを使いウェブ上で見る。作家の中村うさぎさんと脳科学者の池谷裕二さんも体験を対談本で紹介していた。ハゲやすいか、くせ毛か、短距離走の能力は？　これだけ見ると「おもしろそう」と心が動く内容だ。

その「23andMe」が米国で物議を醸《かも》している。遺伝子検査と生殖技術を組み合わせ、望ましい特徴を持つ子どもを誕生させられる技術に特許が与えられたからだ。命の選別に対する生命倫理学者らの批判に、会社側は「実際にそうした使い方をするつもりはない」と防戦している。

日本にとって遠い話ともいえない。経済産業省が今年まとめた調査報告をみると、国内の遺伝子ビジネスは拡大中。特に、肥満やお酒に強いかといった体質検査は1社当たりの実施数が年数千から十数万件。ヤフージャパンや外食産業なども参入し、業界の人も驚く成長ぶり。一方で、科学的根拠や倫理の検討が十分か、心配がある。

「23andMe」を試した友人によると「ほとんど占い」。会社側も、今回の技術の応用は「カップルが子どもの目の色を予想するといった、お遊び」と言っている。確かに今はそうかもしれないが、5年後、10年後は？　本当にやってきそうな遺伝子時代に備え頭の体操は欠かせない。

〔青野由利『染色体と私』（「毎日新聞」二〇一三年一〇月二五日付朝刊のコラム「発信箱」）による。表記は新聞掲載のまま〕

ワークA ［第一段落］

課題文から、筆者が意見を述べている文を三つ抜き出そう。

ⓐ

ⓑ

ⓒ

ワークB ［第一段落］

ワークA で抜き出した三つの文について、必要な言葉を補ったり、不要な言葉を削ったり、適当な表現に改めたりしながら、「筆者は……と言っている」という形に整えよう。

ⓐ

ⓑ

ⓒ

ワークC ［第一段落］

ワークB をもとにして、筆者の意見を一〇〇字程度でまとめよう。

100字

120　100

ワークD

［第二段落］

① 問いを作ろう。
② 答えを作ろう。

①

②

ワークE

［第三段落］

「定《テー》例《レー》経《ケー》理《リ》」を使って内容を展開させよう。

《定》

《例》

← 次のページに続く。

ワークF ［第三段落］

ワークE で書いた「定《テー》例《レー》経《ケー》理《リ》」の中から、第三段落のメインにするものを決めておこう。

「　　」をメインにする。

《経》

《理》

ワークG　［第二段落］

ワークD の②で作った答えの理由を、**ワークF** で決めた「定《テー》例《レー》経《ケー》理《リ》」のメインに合わせて書こう。

ワークH　［第四段落］

答えをもう一度書こう。

ワーク

下書きをもとに、六〇〇字以内の小論文を原稿用紙に書こう。今回は、横書きで書いてみよう。

全体の1/4（150字）

100

200

300

400

500

600

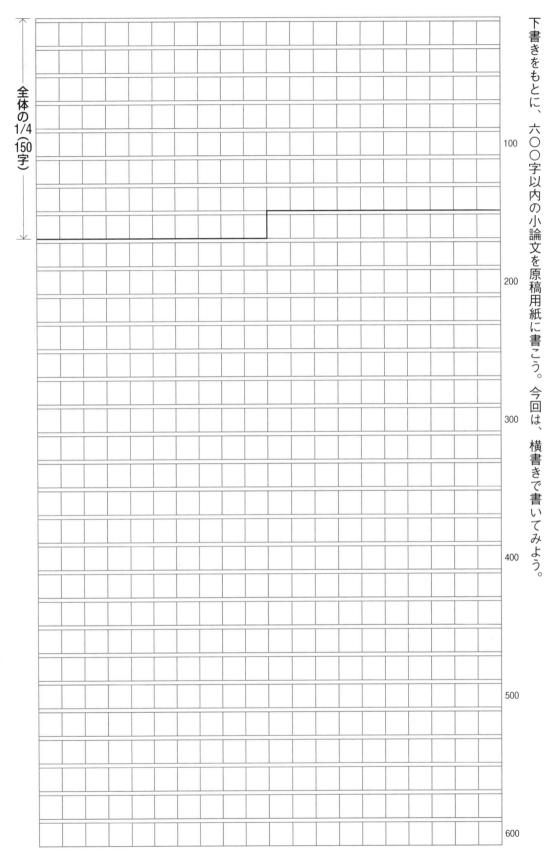

原稿用紙

予備の原稿用紙をおまけしておこう。この「小論文練習帖」をふつうにの向きで使えば縦書き原稿用紙となり、の向きで使えば横書き原稿用紙となる。活用してほしい。

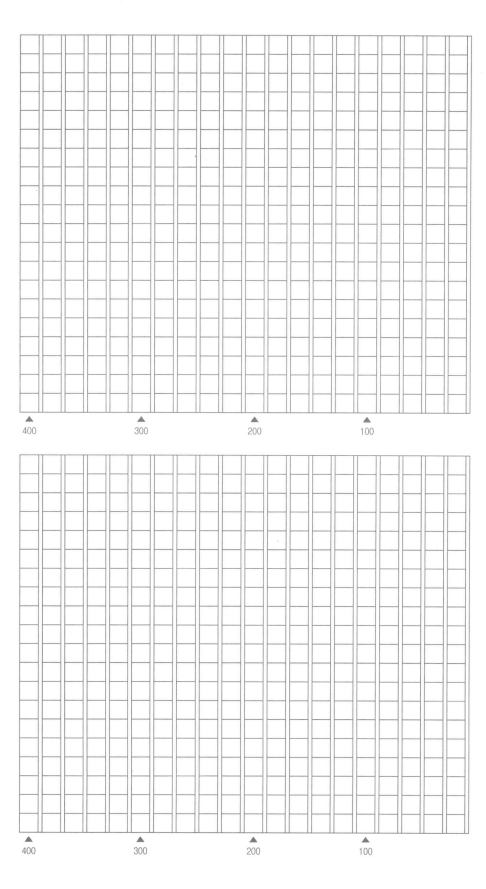

400　300　200　100

400　300　200　100

500 400 300 200 100

500 400 300 200 100

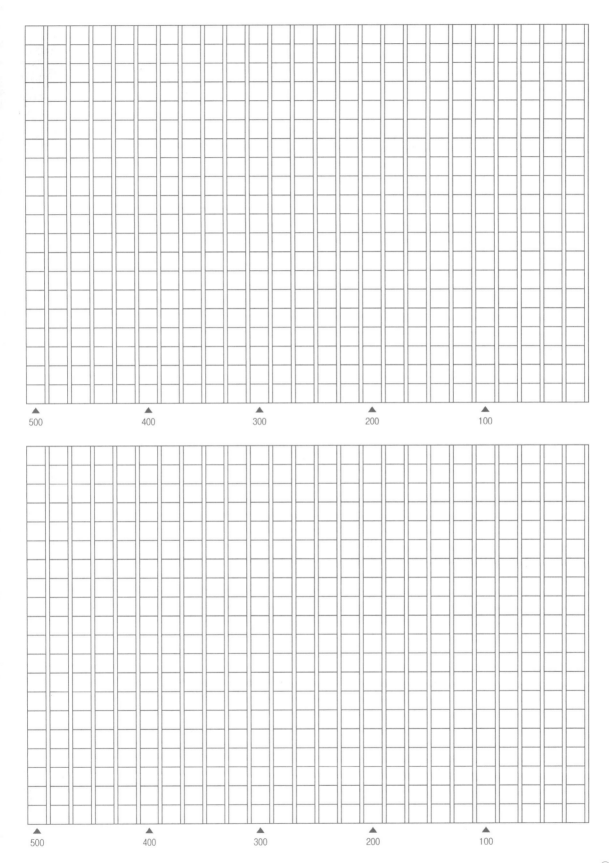

B